Otto Retzer

Kärnten
wie es keiner kennt

*Für meine Frau Shirley
und meine Kinder Olivia und Michael*

Otto Retzer

Kärnten
wie es keiner kennt

Inhalt

Vorwort 6
   Otto Retzer 6
   Heidelinde Weis 8
   Peter Weck 8
   Udo Jürgens & Kurt Unzeitig 9

Kärnten im Überblick 10
   Ein Meer von Seen 12
   Otto Retzer: Mein Kärnten – Kindheit in Lölling 16

Geschichte & Geschichten 20
   Kärntner Geschichte 22
   Otto Retzer: Mein Kärnten –
   Meine Lieblingsburgen im Kärntner Land 26
   Kärntner Brauchtum 30

Oberkärnten 34
   Hohe Tauern – Natur hautnah erleben 36
   Naturpark Nockberge – Lustwandeln auf den Nocken. 42
   Otto Retzer: Mein Kärnten 48
   Europaschutzgebiet Obere Drau –
   Flusslandschaft und Kletterparadies 52
   Die Karnischen Alpen – Täler, Schluchten, Seen 56
   Kärntner Kulinarik –
   Leckerbissen zwischen Alpen und Adria 62

Unterkärnten 74

- Die Stadt und die Region Villach 76
- Otto Retzer: Mein Kärnten – Mein Villach 80
- Die Landeshauptstadt Klagenfurt und der Wörthersee 82
- Otto Retzer: Mein Kärnten – Mein Weg zum Film 88
- Kärntner Sport 94
- Das Rosental – Zwischen Märchenwiesen und Karawanken 98
- Klopeinersee – Sommer und „Seen-Sucht" 102
- Kärntens historische Mitte 106
- Otto Retzer: Mein Kärnten – Künstler und Gläubige 110
- St. Veit an der Glan 112
- Das Lavanttal – Obst und Reben 114
- Otto Retzer: Mein Kärnten – Die Försterhütte auf der Saualpe 116
- Die Saualpe-Klippitzthörl 118
- Kärntner Seen 120
- Kärntner Kunst und Kultur 124

Top-Adressen in Kärnten 128

Vorwort

Otto Retzer

Wenn man viel reist und oft in der Ferne ist, merkt man erst, wie schön man es in der Heimat hat. Das ist eine ziemlich abgedroschene Floskel ... aber irgendwie doch wahr.

Warum nur?

Der Wörthersee ist ein wunderbares Gewässer – aber von solchen gibt es in Kanada mindestens fünfzig.

Das Lavanttal ist landschaftlich wirklich schön – aber Amerika kann locker 400 solcher Täler bieten.

Der Großglockner ist zweifellos imposant, eine schneebedeckte Schönheit – von Tibet aus gesehen belächelt man ihn aber.

Warum also mag ich dieses Land so sehr?

Weil es meine Heimat ist, weil ich mich nur hier so richtig zu Hause fühle! Seit 40 Jahren lebe ich nun schon in München und trotzdem weiß jeder, dass ich Kärntner bin, spätestens, wenn ich den Mund aufmache.

Ich bin wirklich gern unterwegs in der ganzen Welt. Und doch freue ich mich jedes Mal, wenn ich wieder nach Hause komme.

Es ist einfach so: Ich liebe dich, mein Kärnten!

Otto Retzer

P.S.: Zahlreiche Bilder dieses Buches sind bei meiner Reise mit dem Fotografen Karlheinz Fessl durch Kärnten entstanden. Sie spiegeln das wider, was ich an Kärnten am meisten liebe. Ich danke ihm dafür ganz besonders herzlich.

Heidelinde Weis

Lieber Otto!

Seit wann weißt Du eigentlich, dass ich Dich mag? Du hast merkwürdige Eigenarten, aber selbst die bringen mich nicht zur Verzweiflung, sondern eher in Hochstimmung. Du überraschst mich immer wieder. So auch jetzt mit diesem Buch. „Kärnten, wie es keiner kennt" ist auch ein bisschen Otto Retzer, wie ihn keiner kennt.
Kärnten auch durch meine Augen, wie ich es liebe.

Danke.

Deine Heidelinde

Peter Weck

Im Grunde genommen bin ich schuld, dass Otto Retzer heute beim Film als Regisseur arbeitet. Und das kam so: 1971 drehte ich am Wörthersee den Film „Wenn mein Schätzchen auf die Pauke haut" mit Uschi Glas und Roy Black. Dabei fiel mir bei den Dreharbeiten ein junger Mann auf, der glaube ich damals als Kellner in einem Strandcafé gejobbt hat, in dem wir öfter drehten. Manchmal half er uns, war stets hilfsbereit, und wenn es sein musste auch ein hervorragender ortskundiger Organisator. Somit war er für mich schon indirekt ein Praktikant im Filmgeschäft. Bei der Abschlussfeier sagte ich in meiner Dankesrede an den Produzenten gewandt: „Lieber Karl Spiehs, behalte diesen Burschen im Auge, der ist prädestiniert für weitere Aufgaben beim Film. Nun, dass er gerade das geworden ist, was er heute ist, konnte ich damals nicht ahnen, aber sehr wohl inzwischen zweimal als Regisseur erleben. Bei „Traumhotel China" und „Traumhotel Brasilien". Also, eine sagenhafte Karriere. Trotz dieser und seiner vielen beruflichen Reisen in alle Welt liebt er aber sein Kärnten am meisten, wo wir uns eben vor rund 40 Jahren kennen gelernt haben.

Weiterhin viel Glück!

Peter Weck

Udo Jürgens & Kurt Unzeitig

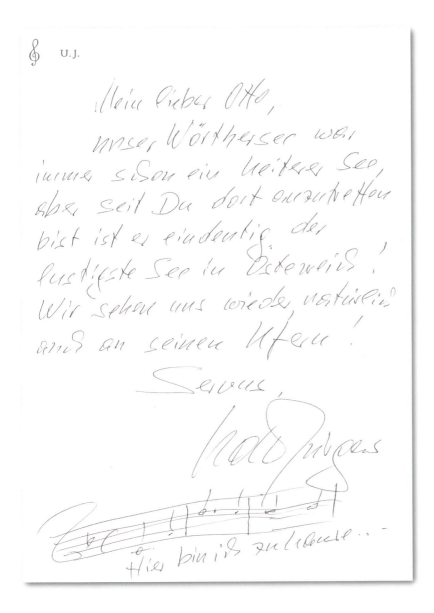

A Guata Freund!

Am Anfang habe ich wahnsinnig Angst gehabt vor ihm, denn wir hatten gerade bei Filmarbeiten den Balkon von seinem Haus weggesprengt. Aber er wurde mein Freund.
Er hat mir die schönsten Briefe geschrieben.
Er hat mir schöne Sachen zum Geburtstag geschenkt.
Er hat immer eine Zigarette und meistens a Bier in der Hand gehabt.
Er hat mir immer gute Ratschläge gegeben.
Er war ein guter Freund.

Danke, lieber Kurt Unzeitig

Kärnten im

Überblick

Ein Meer von Seen

Berge, die von mächtigen Dreitausendern bis hin zu sanften Nocken reichen und auf deren Gipfeln man die Blicke schweifen lässt – über ein Land, das eine einzigartige Vielfalt in sich vereint. Ein Land, das geprägt ist durch die kulturelle Vielfalt des Alpen-Adria-Raumes, vom milden Klima auf der Alpen-Südseite und von Menschen, die ihren Gästen mit Fröhlichkeit, Offenheit und Lebensfreude begegnen.

Kärnten als attraktives Reiseziel ist das südlichste Bundesland Österreichs und mit 9.533 Quadratkilometern Landesfläche und rund 560.000 Einwohnern das fünftgrößte. Es grenzt an die Bundesländer Salzburg und Steiermark sowie an Osttirol. Die Grenze zum Nachbarland Slowenien verläuft über 170 Kilometer, jene zu Italien über 109 Kilometer. Den Schnittpunkt der drei Kulturkreise markiert das Dreiländereck bei Arnoldstein. Der Natur-Aktiv-Park Kärnten hat im Rhythmus der vier Jahreszeiten sehr viel zu bieten: Kärnten gilt als Land der Berge und Seen: 93 seiner Berggipfel sind über 3.000 Meter hoch, der Großglockner ist mit 3.798 Metern der höchste Berg Österreichs, die rund 1.270 Seen und anderen stehenden Gewässer haben durchwegs Trinkwasserqualität. 8.000 Flusskilometer, 60 Heilquellen und 43 Gletscher machen Kärnten zum wasserreichsten Bundesland Österreichs.

Im Winter, wenn breite Pisten und die südliche Wintersonne zu herrlichen Abfahrten laden, frisch gefallener Schnee unter den Schneeschuhen knirscht und Schlittschuhläufer ihre Spuren in die zugefrorenen Seen ziehen, wird Kärnten zu einem Wintersportparadies.

Über 1.000 Kilometer alpine Abfahrten und 32 Schigebiete bieten ein abwechslungsreiches, grenzenloses Pistenvergnügen. Kärnten hat ganz besondere Landschaften unter strengen Schutz gestellt. Über die EU-geförderte Initiative „Kärnten. Natur erleben" werden einzigartige Begegnungen mit und in der Natur in Nationalparks, Naturschutzgebieten oder Naturparks erlebbar gemacht. Mit dieser Initiative will Kärnten zeigen, dass Natur, Mensch und Wirtschaft nicht in unmittelbarer Konkurrenz zueinander stehen müssen.

Wandern mit Ausblick

Sieben Kärntner Schutzgebiete und ihre Regionen haben sich mittlerweile dieser nachhaltigen Tourismusinitiative angeschlossen. Im Nationalpark Hohe Tauern erklimmt man bei der Tour den Großglockner auf der Route der Erstbesteiger unter der Führung von hochqualifizierten Guides.

Die Eislauf-Naturerlebnis-Tour am Weissensee offenbart, wie viel Leben sich hinter den vermeintlich einsamen Schneelandschaften des geschützten Seeufers verbirgt. In den Nockbergen lernen Naturliebhaber die wilde Seite des Hochmoors kennen, wandern auf den Spuren des Speicks, einer seltenen Baldrianart, oder suchen unter fachkundiger Anleitung im GeoPark Karnische Alpen nach den Spuren der Erdgeschichte oder entwickeln am Dobratsch ein ganz neues Gespür für Schnee. Im Sommer durchquert man das Europa-Schutzgebiet Oberes Drautal am besten mit dem Kanu und genießt die absolute Stille fern vom Trubel des Alltags und jenseits des Massentourismus. Die Region Südkärnten/Klopeiner See stellt einen besonders wertvollen Lebensraum für unzählige Vogelarten und Amphibien dar.

Eine intensive Naturverbundenheit, eine kulturelle Vielfalt auf Basis von Traditionsverbundenheit und Authentizität, das Streben nach Freiheit und Individualität sowie ein große Verantwortung für die Umwelt prägen die Menschen in diesen Regionen. Eine Begegnung mit Kärnten bedeutet eine Begegnung mit seiner Kultur, seiner Natur, seinen Menschen und seiner Kulinarik.

Zusammen mit den unterschiedlichen Geländeformen ergibt sich eine geografische Unterteilung in das vom Hochgebirge geprägte Oberkärnten und das vom Klagenfurter Becken dominierte Unterkärnten. Im Klagenfurter Becken, das von den Österreichischen Zentralalpen im Norden und den Karawanken im Süden begrenzt wird, liegt die Landeshauptstadt Klagenfurt.

Politisch ist Kärnten in acht Bezirke (Klagenfurt-Land, Villach-Land, Spittal/Drau, Hermagor, Feldkirchen, St. Veit/Glan, Wolfsberg, Völkermarkt) und 132 Gemeinden gegliedert. Klagenfurt und Villach sind Städte mit eigenem Statut.

Der Name

Kärnten bietet für jeden etwas

Es wird angenommen, dass der Name Kärnten (Karantanien) aus dem Keltischen stammt, nach der Bezeichnung „carant" (Freund, Verwandter), was einem Land der Befreundeten entsprechen würde. Es bezieht sich wahrscheinlich auf einen in der Bronzezeit hier ansässigen Volksstamm.

Das Klima

Durch die Lage südlich des Alpenhauptkamms garantiert Kärnten überdurchschnittlich viele Sonnenstunden und einen langen Sommer sowie einen milden Herbst. Diex, der sonnigste Ort Österreichs mit mehr als 2.300 Sonnenstunden im Jahr, liegt mitten in Kärnten. Durch den Klimavorteil der Alpensüdseite und die Nähe zum Mittelmeer sind Wiesen und Bäume grüner, Seen wärmer und die Menschen besser gelaunt. Das milde Klima, die Schneesicherheit und die vielen Berggipfel mit über 3.000 Höhenmetern locken auch im Winter viele Besucher.

Das festlich eingeschneite Maria Saal

Die Landeshymne

1911 wurde das Kärntner Heimatlied zur Landeshymne erhoben. Es huldigt den traumhaften Landschaften Kärntens. Die ersten drei Strophen entstanden 1822 durch Johann Thaurer Ritter von Gallenstein und wurden 1835 durch Josef Ritter von Rainer-Harbach vertont. Zur Landeshymne wurde es 1911 erhoben und 1930 um eine vierte Strophe von Agnes Millonig erweitert, die sich auf den Kärntner Abwehrkampf bezieht.

Bevölkerung

Von den rund 560.000 Einwohnern Kärntens sind 92,4 Prozent deutschsprachig; der Anteil der österreichischen Staatsbürger mit slowenischer (bzw. windischer) Umgangssprache beträgt 2,5 Prozent. Im Süden des Bundeslandes (vor allem in den Bezirken Villach-Land, Klagenfurt-Land und Völkermarkt) leben die Angehörigen der slowenischsprachigen Volksgruppe als anerkannte Minderheit. Der Anteil der Bevölkerung mit Migrationshintergrund liegt in Kärnten bei 9,3 Prozent der Gesamtbevölkerung, rund die Hälfte des Österreich-Wertes von 17,5 Prozent.

Das Fastentuch im Stift Millstatt

Tourismus

Die Anzahl der Übernachtungen für das Sommerhalbjahr 2011 lag bei 9 Millionen, wobei 40 Prozent der Gäste aus Deutschland kamen. Die Wintersaison 2010/2011 konnte etwa 3,5 Millionen Übernachtungen erzielen.

Für meinen Bruder

Otto Retzer: Mein Kärnten
Kindheit in Lölling

Ist es nicht eigenartig, dass wir beide, Du und ich, jeder einen anderen Vornamen angenommen haben? Du bist der Ludwig, aber alle sagen Kurti zu Dir. Ich heiße eigentlich Werner, doch jeder kennt mich als Otto. Das verbindet uns. In vielen anderen Dingen sind wir sehr verschieden. Du bist am liebsten daheim – ich meist unterwegs. Du bist immer 100-prozentig korrekt – ich meine meistens, dass 95 Prozent reichen. Du bist schnell beleidigt – ich überhaupt nicht. So könnte ich -zig Dinge aufzählen, die uns unterscheiden. Und doch bin ich froh, dass gerade Du mir als mein Bruder so nah bist!

Dein Werner

Wenn ich an die Lölling denke, fällt mir zuerst mein Vater ein. Er hat jeden Montagmorgen in aller Früh seinen Rucksack gepackt, Speck war da drinnen, unter anderem weißer Speck, und ist mit den anderen ins Holz gefahren. Dort war er die ganze Woche, bis zum Freitag. Ich habe meinen Vater nicht oft gesehen.

In Lölling waren die Leute entweder im Bergbau beschäftigt oder im Holzschlag. Es gab nur wenige Bauern, mit kleinen Höfen, das Dorf hat vom Erzbergbau gelebt und ist über den Bergbau zu einigem Wohlstand gekommen.

In den 40er- und 50er-Jahren gab es in Lölling keine asphaltierte Straße, und ich glaube auch kein einziges Auto. Später hat man dann gesagt, der Löllinger Graben sei so schmal, dass ein Bus rückwärts hineinfahren müsse, sonst käme er nicht mehr heraus. Wir haben in einem Acht-Parteien-Haus gelebt mit Klo auf dem Gang und waren arme Leute. Ich sage immer, Lölling war „mein Russland", aber ich habe trotzdem eine schöne Kindheit gehabt. Nur das Wasserholen hat mir keinen Spaß gemacht, denn der Brunnen war ziemlich weit weg.

In Lölling war ich noch der Werner. Mein Halbbruder Kurti und ich haben zusammen die vierjährige Volksschule besucht, 40 Kinder waren wir, die in den vier Klassenstufen gemeinsam unterrichtet wurden. Danach wurden wir mit dem Schulbus 18 Kilometer weit in die Hauptschule nach Treibach-Althofen gefahren.

Lölling hatte damals so an die 500 oder 600 Einwohner. Heute sind es nur noch 120. Es gibt ja jetzt auch keinen Bergbau mehr dort. Die alten Hochöfen aber kann man sich ansehen. Sie sind eindrucksvolle und teilweise sehr gut erhaltene Dokumente der regionalen Montangeschichte.

Mein Geburtshaus in der Lölling …

… und hier das Geburtshaus des Schauspielers Helmut Qualtinger

Ein alter Hochofen in der Lölling – immer noch ein eindrucksvoller Anblick

Schloss Lölling

Am Rand von der Lölling gab es ein Schloss. Dort hat Erzherzog Max von Hohenberg mit seiner Familie alle Urlaube verbracht. Max war der Sohn von Kronprinz Franz Ferdinand, der 1914 Opfer des Attentats von Sarajewo wurde. Sein Sohn hatte ein Lungenleiden, er versprach sich Heilung vom ausgeglichenen Klima und der guten Löllinger Luft. Vor allem liebte er es, hier auf die Jagd zu gehen – es gab Unmengen an Wild in unserer Gegend.

Die Familie des Herzogs war sehr religiös. Ich war Ministrant. Außerdem wohnte meine Oma im Wirtschaftshaus des Schlosses. Sie war die Zuckerl-Hanni, die im Ort Zuckerln für die Kinder verkauft hat, zum Beispiel sonntags nach dem Kirchgang. Ich war oft bei meiner Oma und so kannte mich die Herzogin gleich dreifach: als Ministrant aus der Kirche, von der Oma und weil ich der Bub der hinkenden Post-Lotti war. Vielleicht hatte sie Mitleid, jedenfalls hat sie mich oft als Spielkameraden für ihre Söhne ins Schloss geholt. Mit Prinz Gerhard von Hohenberg verbindet mich bis heute eine Freundschaft.

Zum 50. Geburtstag des Herzogs wurde auf Schloss Lölling eine große Feier ausgerichtet. Die Frauen saßen in der Küche und rupften Hühner für den Festschmaus, wir Buben sind um sie herumgesprungen.

Für mich waren diese Vorbereitungen ein Schlüsselerlebnis. In der Küche damals, zwischen den Hühner rupfenden Frauen habe ich zum ersten Mal genau gewusst: Ich will nicht für immer bei denen bleiben, die die Hühner rupfen. Irgendwann will ich zu denen gehören, die die Hühner essen. Das habe ich mir damals fest vorgenommen.

„An das Schloss Lölling habe ich schöne Erinnerungen."

Werner Engelmann restauriert die Bilder im Lingkor von Hüttenberg

Löllinger Berühmtheiten

Die Neugebauers haben es zu etwas gebracht in Lölling. Einige wenige andere sind so wie ich aus der Gegend herausgekommen und bekannt geworden. Helmut Qualtinger zum Beispiel hat in der Lölling bei seiner Tante gelebt. Sepp Krassnitzer ist von hier und der Regisseur Bernd Fischauer. Der Abgeordnete Toni Leikam ebenfalls.

Am berühmtesten ist aber wohl Prof. Heinrich Harrer, der große Tibetforscher. Er hat sogar den Dalai Lama in die Lölling gebracht.

Lingkor im Harrer-Museum

Hüttenberg

Lölling, Kirchberg und Knappenberg gehören alle zur Gemeinde Hüttenberg – das ist die bekannte Gemeinde mit dem Heinrich-Harrer-Museum. Es ist dem großen Forscher gewidmet und ein Ort der Begegnung verschiedener Kulturen. Im Museum gibt es einen buddhistischen Gebetsraum und an der Felswand gegenüber dem Museum den Lingkor, ein tibetischer Pilgerpfad in schwindelerregender Höhe. Entlang dieses Rundweges hat der bayerische Künstler Werner Engelmann Symbole des tibetischen Buddhismus auf den Fels gemalt, er restauriert sie jetzt gerade. Stundenlang hängt er dort oben und frischt seine Bilder auf. Seine Heiligkeit der XIV. Dalai Lama hat 1992 alles persönlich eingeweiht. Er war schon öfter in Hüttenberg, zuletzt zum Spatenstich für ein Tibet-Hotel, es soll bald auch ein tibetisches Lehrzentrum entstehen. Ich habe den Dalai Lama zweimal gesehen, einmal bei einer Großveranstaltung in München und bei diesem Spatenstich in Hüttenberg.

Als der Film „Sieben Jahre in Tibet" gedreht werden sollte, bekam ich einen ganz besonderen Anruf: Es hieß, Heinrich Harrer sei mit einem Schauspieler in Hüttenberg, man wisse nicht, wie er heiße, aber ich solle unbedingt zum Mittagessen kommen. Also bin ich nach Hüttenberg gefahren – und der Schauspieler war niemand anderer als Brad Pitt! Heinrich Harrer hat damals zu ihm gesagt: „Das hier ist auch ein großer Filmregisseur, der Otto Retzer." Wir haben gut gegessen und über das Drehbuch gesprochen.

Zu meinem 60. Geburtstag wurde ich Ehrenbürger von Hüttenberg. Professor Harrer hat mir zu diesem Geburtstag ein wunderbares altes Gebetsbuch aus Tibet geschenkt.

Hoher Besuch beim Spatenstich in Hüttenberg

Mutters Palatschinken

Meine Mutter arbeitete in der Post. Sie hatte Kinderlähmung gehabt und humpelte zeit ihres Lebens. Jeder nannte sie die Post-Lotti. Meine Mutter war eine gute Köchin. Ich habe mir auf dem Heimweg von der Schule oft gewünscht, dass es zum Mittagessen Gemüsesuppe und danach Palatschinken geben sollte. Wenn das dann wirklich so war – das waren die schönsten Tage! Die Gemüsesuppe meiner Mutter und **Palatschinken** mit Marmelade waren einfach köstlich.

Hier die einfachen Zutaten: 3 EL Mehl, 1 Ei, Milch, Butter,

Ei mit Mehl vermengen und mit Milch auffüllen, bis ein dünner Teig entsteht. In der mit Butter gefetteten Pfanne braten, bis die Palatschinken goldgelb sind.

Geschichte &

Geschichten

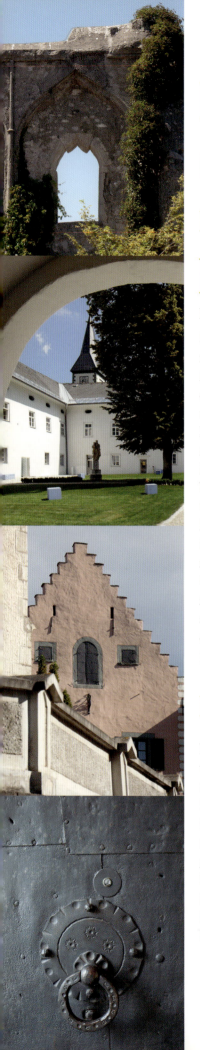

Kärntner Geschichte

Kelten und Römer

Kärntens Geschichte ist geprägt von deutschen, slawischen und romanischen Einflüssen, die über die Jahrtausende die Kultur des Landes beeinflusst haben.

Burgruine Finkenstein

So stammen die ältesten Spuren menschlichen Lebens auf Kärntner Boden aus der Altsteinzeit (etwa 30.000 v. Chr.) und wurden in den Tropfsteinhöhlen des Burgberges in Griffen entdeckt. Ende der Jungsteinzeit (um 2.000 v. Chr.) gab es bereits erste größere und feste Siedlungen am Maria Saaler Berg, am Kanzianiberg. Etwa um 300 v. Chr. schlossen sich keltische und illyrische Stämme unter der Führung der Noriker zusammen und errichteten im heutigen Kärnten den mächtigen keltischen Staat Noricum. Um 15 v. Chr. wurde gesamte Königreich Noricum unter Kaiser Claudius in eine römische Provinz umgewandelt. Sitz des kaiserlichen Statthalters war Virunum auf dem Zollfeld.

Stift Ossiach

Seit dem 5. Jahrhundert wurde das Römische Reich von germanischen Stämmen bedrängt. Franken und Baiern drängten in das Gebiet und trafen ab 591 auf Slawen. So entstand innerhalb von zwei bis drei Generationen aus der norischen Bevölkerung und den slawischen Einwanderern ein neues Volk, die Karantanen. Der Landesname Karantanien – wohl abgeleitet vom keltischen „carant" (Freund, Verwandter) – geht auf das Reich in der Eisenzeit zurück.

Althofen

Das Herzogtum Kärnten

Nachdem Heinrich II., Herzog des mächtigen Baiern, vergeblich versucht hatte, unter den Stammesherzögen einen Aufstand gegen seinen Vetter, Kaiser Otto II., anzuzetteln, beschloss dieser, Kärnten 976 von Baiern abzutrennen. Kärnten wurde damit Herzogtum. Die Herzöge selbst erhielten kaum Besitzungen, so dass sie auch schnell wieder abgesetzt werden konnten. An die Kirche hingegen wurden umfangreiche Besitztümer vergeben. Das Erzbistum Salzburg erhielt unter anderem die Gegend um die Stadt Friesach, im Mittelalter eine der florierendsten Gegenden im Alpenraum. Das 11. Jahrhundert wurde zu einer Epoche benediktinischer Klostergründungen: bald nach der Jahrtausendwende das Stift St.

Schloss Wernberg

Georgen am Längsee, vor 1028 das Stift Ossiach. Ab 1043 gab es ein von Hemma von Gurk gegründetes Nonnenstift in Gurk.

Das rheinfränkische Geschlecht der Spanheimer, die als Erste die Erblichkeit des Lehens durchsetzten, wählte St. Veit als Residenzstadt, und unter ihrer Herrschaft setzte ein wirtschaftlicher und kultureller Aufschwung in Kärnten ein.

Die spätere Hauptstadt Klagenfurt wurde 1193/99 erstmals urkundlich als forum Chlagefurt erwähnt. Aufgrund seiner verkehrsgünstigen Lage zwischen Wien und Venedig und nicht zuletzt wegen seiner reichen Silbervorkommen im nahen Zeltschach wurde jedoch Friesach ab 1215 erste und lange Zeit wichtigste Stadt Kärntens. Der silberne Friesacher Pfennig war in dieser Zeit das wichtigste Zahlungsmittel im Ostalpenraum.

Kärnten unter den Habsburgern

1335 wurde Kärnten von Kaiser Ludwig den Habsburgern übertragen und mit Österreich, Steiermark und Krain vereinigt. Als 1363 auch Tirol an den Habsburger Herzog Rudolf IV. fiel, entstand in den Ostalpen die Herrschaft zu Österreich.

Im Verlauf des 14. Jahrhunderts waren die Bewohner Kärntens einer Reihe von Naturkatastrophen ausgesetzt. 1338 und 1339 wurden ganze Landstriche von Heuschreckenschwärmen heimgesucht. Ein Erdbeben am 25. Januar 1348 mit Epizentrum im Friaul verursachte auch in Südkärnten schwere Schäden und zog einen Bergsturz des Dobratsch nach sich, was zu großflächigen Überschwemmungen führte. Kurz danach erreichte eine von Italien ausgehende Pestepidemie auch Kärnten.

Türkenkriege und Bauernaufstände

Zwischen 1473 und 1483 fielen türkische Heerscharen fünfmal in Kärnten ein. Kirchen und Herrschaftssitze wurden fieberhaft ausgebaut und die Pässe an der Südseite des Landes abgesichert. Militärisch konnte das Land dem Reitervolk nichts entgegensetzen, so dass sich die Ritter, Adligen und Geistlichen in ihren Burgen verschanzten, während der größte Teil der Bevölkerung den Überfällen schutzlos ausgeliefert war. Weil die Bauern sich

Der Schlossberg zu Griffen

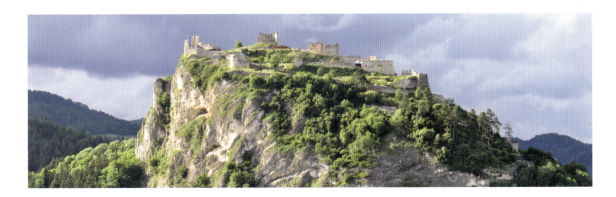

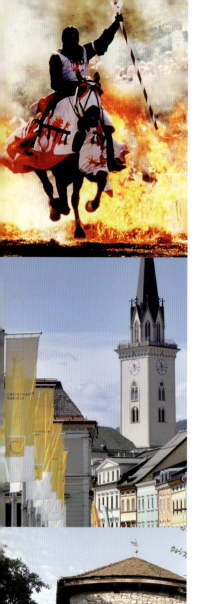

weiteren Angriffen nicht wehrlos ausgesetzt sehen wollten, organisierten sie sich im Kärntner Bauernbund unter der Führung von Peter Wunderlich. Da zudem zwischen 1480 und 1490 der Ungarnkönig Matthias Corvinus im Bunde mit Salzburg Friedrich III. bekriegte und Teile Kärntens besetzte, kam es zu einer der schlimmsten Notzeiten des Landes. Die Unzufriedenheit der Bevölkerung entlud sich in mehreren Aufständen.

1518 schenkte Kaiser Maximilian I. den Kärntner Ständen die 1514 abgebrannte Stadt Klagenfurt. Sie folgte Sankt Veit an der Glan, das bislang Sitz der Stände war, als Landeshauptstadt.

Heiße Ritterspiele auf Burg Sommeregg

Reformation und Gegenreformation

Durch die unter Ezherzog Karl II. gewährte Religionsfreiheit und den Augsburger Religionsfrieden von 1555 war fast ganz Kärnten im ausgehenden 16. Jahrhundert protestantisch. Das Land ist bis heute neben dem Burgenland eine Hochburg des Protestantismus in Österreich. Erzherzog Ferdinand III., der spätere Kaiser Ferdinand II., begann um 1600 mit der landesfürstlichen Gegenreformation. Wirtschaftlicher Niedergang, das Erliegen des Edelmetallbergbaus sowie der Abstieg der Ständemacht waren die Folgen. Es kam zu massiven Auswanderungen vor allem nach Süddeutschland.

Villach

Kärnten im 18. Jahrhundert

Die Koalitionskriege und die Folgen

Auf die Französische Revolution folgten ab 1792 die Koalitionskriege zwischen Frankreich und seinen europäischen Gegnern. Klagenfurt wurde mehrmals von den Franzosen besetzt und fiel 1809 an Frankreich. 1813 wurde das Land wieder befreit und dem habsburgischen Königreich Illyrien unterstellt.

Stadtmauer von St. Veit/Glan

Nach der Revolution von 1848

1849 erlangte Kärnten die Selbstständigkeit zurück und war von 1867 bis 1918 Herzogtum in der westlichen Reichshälfte Österreich-Ungarns. Am 11. November 1918 beschloss die vorläufige Landesversammlung die Konstituierung des Landes Kärnten sowie den Beitritt zum Deutsch-Österreichischen Staat.

Zweiter Weltkrieg

1918/19 zwangen die Kärntner die Truppen des SHS-Staats (das Königreich der Serben, Kroaten und Slowenen, das spätere Jugoslawien), die das südliche Kärnten besetzt hatten, das Land zu räumen. Bei der Kärntner Volksabstimmung vom 10. Oktober 1920 stimmte die Mehrheit für den Verbleib des gemischtspra-

Friesach mit seiner Kirche

chigen Gebiets bei Kärnten und damit bei Österreich. Nach der Besetzung Österreichs durch deutsche Truppen 1938 wurde das mit Osttirol vereinigte Kärnten ein eigener Gau des Großdeutschen Reiches. Am 27. April 1945 erfolgte die Wiederherstellung der demokratischen Republik Österreich. 1945 stellte Jugoslawien unter Tito vorübergehend Gebietsforderungen. Die Außenministerkonferenz 1949 in Paris lehnte die Gebietsforderungen Jugoslawiens ab und erkannte die Karawankengrenze an.

Nachkriegszeit

Nach der Unterzeichnung des Österreichischen Staatsvertrags 1955 zog die britische Besatzungsmacht ab. Die Umsetzung der im Artikel 7 des Staatsvertrags der slowenischen Minderheit zugesicherten Rechte sorgte in der Zweiten Republik für harte politische Auseinandersetzungen, die sich im sogenannten Ortstafelstreit äußerten. So wurden 1972 die zweisprachigen topographischen Ortstafeln von slowenenfeindlichen Bevölkerungsteilen unrechtmäßig entfernt. Der Kärntner Ortstafelstreit wurde erst 2011, 56 Jahre nach dem Staatsvertrag, endlich beigelegt.
In Kärnten stellte von 1945 bis 1989 die SPÖ den Landeshauptmann. 1989 wurde Jörg Haider zum Landeshauptmann gewählt. Nach diversen Skandalen erreichte Haiders Partei, inzwischen das Bündnis Zukunft Österreich (BZÖ), auch nach Haiders Unfalltod bei der Landtagswahl 2009 Rang eins.

Friesach, das romantische Sommermärchen, hat eine bewegte Geschichte.

Der päpstliche Burgschmied

Otto Retzer: Mein Kärnten

Meine Lieblingsburgen im Kärtnerland

Der Schmied der Burg Hochosterwitz, Hans Schmidberger, hat vor kurzem vom Papst den Auftrag bekommen, neue Harnische für die Schweizergarde anzufertigen. 80 Harnische sind das. Die Leute werden ja wirklich immer größer, auch die Schweizergarde passt heute in ihre Rüstungen nicht mehr hinein. Die erste neue Rüstung für die Schweizergarde habe ich sogar schon probehalber angehabt. Sie hat mir sogar ganz gut gepasst, als wäre sie für mich gemacht.

Burg Hochosterwitz

In Kärnten liegt die berühmte Burg Hochosterwitz – die schönste Burg Europas. Sie wurde nie eingenommen und ist die Touristenattraktion überhaupt. Man kommt zu Fuß über den langen Burgweg durch 14 Burgtore auf den Felsen hinauf, und das ist sehr beeindruckend.
Auf der Burg gibt es eine ganz besondere Attraktion. Dort steht die Rüstung des größten Ritters der Welt – ich glaube, der war 2,25 Meter groß! Die Burg gehört seit 1541 der Familie Khevenhüller. Sie betreibt dort heute auch ein sehr gutes Restaurant.

Der Schmied der Burg Hochosterwitz, Hans Schmidberger fertigt Harnische für die Schweizer Garde.

Burghofspiele in Friesach

Friesach ist der Ort mit den meisten noch erhaltenen Burgen rundherum. Im Sommer taucht die ganze Stadt in die Vergangenheit ein, da ist dann alles wie im Mittelalter.
Mein Kollege Adi Peichl – vom Schloss am Wörthersee – und ich sind dort oben beide zum Ritter geschlagen worden. Adi Peichl inszeniert seit Jahren erfolgreich die Friesacher Burghofspiele.

Hier bin ich mit einem Ritterdarsteller auf Burg Hochosterwitz.

Burgruine Finkenstein

Die Burgruine Finkenstein ist einer der schönsten Orte in Kärnten. Gerhart Satran hat die Burg in mühsamer Arbeit instand gesetzt und dort eine der spektakulärsten Freiluftarenen der Welt geschaffen. Von Placido Domingo bis Falco sind dort schon alle möglichen Berühmtheiten aufgetreten.

Ich hatte auf Burg Finkenstein verschiedene Drehs. Einer der schönsten war die Produktion des berühmten Liedes „Wiener Blut" mit Falco. Damals waren tausend Leute als Komparsen da, und alle mussten sie ganze zwei Stunden auf den Hubschraubereinsatz warten. Damit sie bei Laune bleiben, hat Falco ununterbrochen Witze erzählt. Daran erinnern sich sicher alle bis heute. Es war unvergesslich! Genauso wie Falco selbst, der viel zu früh tragisch von uns gegangen ist.

Besondere Erlebnisse waren auch die Drehs mit David Cassidy in der Arena, er ist dafür extra eine Woche aus Amerika eingeflogen … und die wunderbare Liebesszene mit Roy Black und Beatrix Bilgeri, eine der letzten gemeinsamen Arbeiten mit Roy Black.

Die Dreharbeiten auf Burg Finkenstein waren immer besondere Erlebnisse!

Falco, David Cassidy, Roy Black und Beatrix Bilgeri sowie ich und Adi Peichl bei den Friesacher Burgfestspielen

Nahe Burg Hochosterwitz

Kärntner Brauchtum

Land der 600 Chöre

„Wo man singt, da lass dich ruhig nieder, böse Menschen haben keine Lieder…" sagt ein bekanntes Sprichwort. Für die Menschen im südlichsten Bundesland ist es der Ausdruck der Seele und wird zum Lebenselixier.

Als die „Väter" des Kärntnerliedes gelten die Sänger des im Jahr 1847 gegründeten „MGV Klagenfurt", die das ursprünglich als Sololied mit Klavierbegleitung bestehende Kärntnerlied später in Männerquartettbesetzung gesungen haben. Alois Wölbich, Hans Neckheim und Thomas Koschat und im 20. Jahrhundert Andreas Asenbauer, Anton Anderluh und Günther Mittergradnegger sind jene Persönlichkeiten, die das Kärntnerlied, das eigentlich ein mehrstimmig gesungenes Liebeslied ist, bis heute beeinflusst haben.

Über 600 Kärntner Chöre beweisen die Liebe zur Musik. „Die Kärntner singen, wenn sie ihre Freude zum Ausdruck bringen möchten, sie singen bei der Arbeit und suchen sogar Trost im Singen, wenn ihr Gemüt schwer ist, wenn ihre Seelen von Traurigkeit und Schmerz berührt sind", meint Richi Di Bernardo, der umtriebige Förderer dieser Volkskultur. Der gebürtige Glantaler hat sich seit mehr als 30 Jahren mit Leidenschaft dem Kärntnerlied verschrieben. Seit 20 Jahren ist er im „Männerdoppelsextett Klagenfurt" aktiv und hat den Chor weit über die Grenzen Kärntens hinaus berühmt gemacht.

Zwei der 600 Chöre in Kärnten: Grenzlandchor Arnoldstein und das Doppelsextett

Jedes Jahr im Herbst gibt es eine zweitägige Wanderung durch ein Kärntner Tal. Bei dieser Gelegenheit spricht der Chor unter Leitung von Roland Loibnegger mit Gesang und Fröhlichkeit die Menschen an. Die beiden Kärntner sind auch für die Umsetzung von Veranstaltungen wie dem „Stillen Advent", „A Gaude muaß sein", dem „Tag des Kärntnerliedes" sowie dem „Festival der Chöre" in Pörtschach am Wörthersee verantwortlich.

Für den berühmten von Gretl Komposch im Jahr 1947 gegründeten Grenzlandchor Arnoldstein bedeutet „Grenzland", in der Mitte zu stehen – am Schnittpunkt dreier Kulturkreise. Diese Verbindung der slawischen, romanischen und deutschen Seele wird im Kärntner Liedgut deutlich.

Der original Kärntner Anzug, entstanden im Jahr 1911

31 | Kärnten

Der Inbegriff des melancholisch getragenen Kärntnerliedes ist das von Thomas Koschat 1871 komponierte Lied „Verlassn", das mittlerweile in 18 Sprachen gesungen wird. Seit 1935 ist der Nachlass des Kärntner Liederfürsten, 180 Kompositionen, im Koschat Museum in Klagenfurt zugänglich.

Die Kirchtage in Kärnten

Kirchtage in Kärnten, große Feiertage für die betreffenden Orte, wo es auch kulinarisch hoch hergeht, werden zumeist am Tag der jeweiligen Namens- bzw. Schutzpatrone der Dorfkirchen abgehalten. Den Auftakt zum Fest bildet eine heilige Messe in der Kirche mit Kirchtagsladern und Trachtengruppen, die im Anschluss zum Frühschoppen zum Festplatz ziehen.

Jedes Jahr beim großen Trachtenfestzug am ersten Samstag im August bewundern 50.000 Zuschauer farbenprächtige Trachten. Kärntens berühmtester Kirchtag, der Villacher Kirchtag, blickt auf eine lange Tradition zurück. Eine ganze Stadt wird zum Festgelände und zum Schauplatz fröhlicher Ausgelassenheit. Die Mischung aus gelebtem Brauchtum, Kulinarik und Unterhaltung vom Feinsten, aber auch die den Villachern eigene fröhliche Lebensweise sind einzigartig.

Um das Brauchtum und die Verbindung zum Jakobitag besser vermitteln zu können, wurde die Kirchtagswoche mit einer Vielzahl von Veranstaltungen eingeführt. Die rund 300.000 Besucher genießen Kirchtagsschmankerln wie „Saure" und „Siasse Suppn", präsentieren sich bunt und vielfältig in Tracht und haben „a Gaude und a Hetz".

Markttage, Kirchtage und Kufenstechen – Traditionen werden hoch gehalten

Das Kufenstechen

Das Kufenstechen dürfte mittelalterlichen Ritterspielen nachempfunden sein und wird ausschließlich in den Dörfern des Unteren Gailtals abgehalten. Es gilt als einer der spektakulärsten Kirchtagsbräuche. Die jungen ledigen Burschen des Dorfes suchen sich ein Mädchen aus, das sie nach dem Kufenstechen zum Tanz unter die Dorflinde begleiten wird. Im Zentrum des Dorfes reiten die Burschen in rasantem Tempo auf ungesattelten, schweren, seit Jahrhunderten in dieser Gegend gezüchteten Noriker Pferden auf eine Kufe zu, eine Art Holzfass, das zuvor auf einen Pfahl gesetzt wurde. Sie versuchen mit einem Eisenschlägel die Kufe zu zerschlagen. Der junge Mann, dem dies gelingt, führt die ganze Gruppe zum Tanz unter die Linde.

Die Wiesenmärkte

Seit über sechs Jahrhunderten stattfindende Volks- und Brauchtumsfeste in Kärnten sind der „Bleiburger Wiesenmarkt" in Unterkärnten Anfang September und der „St. Veiter Wiesenmarkt" Ende September. Die historischen Wurzeln dieser Großereignisse reichen weit zurück. Sie gaben den Bürgern der beiden Städte und auch anderen Händlern aus ganz Kärnten die Möglichkeit, ihre Waren unter dem Rechtsschutz des Marktes anzubieten. Heute werden hier Brauchtum, Kulinarik und Produkte aus und für den ländlichen Raum geboten, sowie zahlreiche Ausstellungen.

Die Tracht

Die Tracht war einst Ausdruck einer dörflichen oder regionalen Gemeinschaft. Je mehr Stoff in der Tracht Verwendung fand, desto wohlhabender war die Trägerin. So wurden manchmal die Röcke so tief in Falten gelegt, dass sie beinahe unzumutbar schwer waren. Mittlerweile gibt es viele neue modische Variationen und immer mehr Anlässe, die zum Tragen einer Tracht einladen.

Echte Dirndln und Trachten der Kärntner Täler werden seit jeher aus edlen Materialien gefertigt. Das klassische Blaudruckdirndl zählt ebenso zum echten „Kärntner Dirndl" wie das Dirndl aus dem Mölltal mit rot-schwarzem Mieder, schwarzem Rock und blauer Schürze. Die dunkelblaue Festtagstracht aus Seide mit Stoffrüschen am Ausschnitt aus dem Lavanttal und das farbenfrohe Dirndl mit schwarzem Rockteil aus dem Gailtal oder das rote Dirndl mit hellblauer Schürze aus dem Gurktal in Kärnten gelten als authentische Trachten.

Anlässlich der Landes-Handwerkerausstellung wurde 1911 von der im Jahr zuvor gegründeten Kärntner Landsmannschaft das „Kärntner Gwandl" entwickelt. Als Vater der Landestracht für Männer gilt der Villacher Professor Leopold Resch.

In Anlehnung an Trachten aus dem Gailtal war der Kärntner Anzug zunächst kastanienbraun, heute ist er eher haselbraun mit grünen Aufschlägen. Dazu wird eine geblümte Samtweste getragen. Die Farbe „Braun" soll Erd- und Heimatverbundenheit symbolisieren. Heute steht Tracht für traditionelle Werte, die sich mit innovativen Ideen verbinden.

Das Dirndl des Jahres 2011 von Trachtenhaus Strohmaier aus Weitensfeld

Wer hat's erfunden?

Fast so legendär wie der berühmte Villacher Fasching ist der Kirchtag. Jeder trägt zum Kirchtag Tracht. Ein Höhepunkt sind die Leute im Kärntner Kilt. Der Villacher Schneidermeister Thomas Rettl hat dieser alten Tracht zu neuer Berühmtheit verholfen. Rettl ist überzeugt, dass der Kilt aus Kärnten kommt und nicht aus Schottland. Er beweist das sogar mit Ausgrabungen, bei denen man karierte Stoffe in Kärnten gefunden hat. Hier bin ich mit Thomas Rettl in Villach.

Oberkärn

ten

Hohe Tauern
Natur hautnah erleben

Der Nationalpark Hohe Tauern, das größte Naturschutzgebiet im gesamten Alpenraum Mitteleuropas, umfasst eine Fläche von mehr als 1.800 Quadratkilometern in Kärnten, Salzburg und Tirol. Hier wachsen die 300 höchsten Gipfel Österreichs zum Himmel empor, an ihrer Spitze der Großglockner mit 3.798 Metern Höhe. Mit rund 350 Almen und 91.000 Hektar Almfläche weisen die Hohen Tauern die höchste Almendichte aller Nationalparks auf. Die länderübergreifende Destination „Hohe Tauern – die Nationalparkregion" steht für eine erlebnisreiche Begegnung inmitten ursprünglicher Natur- und Kulturlandschaften.

Die Natur immer neu erlebbar zu machen ist seit 1981 eine Kernaufgabe des Nationalparks Hohe Tauern Kärnten. In Begleitung von Rangern, Experten in Sachen Flora, Fauna, Gletscher und Wasser, begibt man sich auf die Spuren von Steinböcken, Gämsen, Rotwild, Steinadlern, Bartgeiern und Murmeltieren, um atemberaubende Landschaften mit allen Sinnen zu erleben und zu genießen und die Schönheiten der Natur wiederzuentdecken. Rund 3.400 Kilometer Wanderwege und 60 Lehrpfade führen über weite alpine Urlandschaften.

Einige dieser Wege befinden sich im Tal und sind leicht begehbar, andere führen durch die Almregion bis hoch hinauf zu den Gletschern.

Bergbauern haben einst in mühevoller Arbeit die Landschaft gestaltet, Felder, Äcker, Wege und Steinmauern sind so entstanden. Am Kulturlandschaftsweg Winklern, wo noch erhaltene Schaumühlen zu besichtigen sind, bekommen die Wanderer Einblicke in die Geschichte des bäuerlichen Schaffens, in ihre alltäglichen Mühen und ihre Arbeit.

Beim Aufstieg auf den Großglockner auf den Spuren der Erstbesteiger vor über 200 Jahren sind schon viele Menschen nicht nur dem Himmel, sondern auch sich selbst ein Stück näher gekommen.

Die kristallklare Luft der Berge, den Heuduft der Almen, das Rauschen ungezähmter Wasser und idyllische Dörfer: All das findet sich im Nationalpark Hohe Tauern.

Die drei Schigebiete Großglockner/Heiligenblut, Mölltaler Gletscher/Flattach und Ankogel/Mallnitz in der Nationalpark-Region Hohe Tauern Kärnten mit Naturschnee auf insgesamt ca. 150 Pistenkilometern, mit perfekten Pisten für Anfänger und Fortgeschrittene, mit einem traumhaften Freeride-Gelände und der Schneegarantie von November bis Mai, am Mölltaler Gletscher sogar das ganze Jahr lang, machen Lust auf einen Traumwinter in den Alpen.

Wenn im Spätherbst der erste Schnee die Berghänge bedeckt, nimmt eine für die heutige hektische Zeit ungewohnte Stille die Hohen Tauern bis weit in das Frühjahr in Besitz. Wer dann die Gipfel erklimmt, entdeckt eine glitzernde Wunderwelt der Natur: das verborgene Schitourenparadies der Alpen.

Aber es offerieren sich noch weitere Winterabenteuer: Freeride-Touren abseits präparierter Pisten, Schneeschuhwanderungen mit Nationalpark-Rangern, Langlaufen auf zertifizierten Loipen und Eisklettern an glitzernden Eiskaskaden.

Das Gebiet rund um die „Tauernkönigin", im östlichen Teil der Hohen Tauern, zeichnet sich durch eine besonders atemberaubende Landschaft aus. Das angrenzende Lieser- und Maltatal ist auch die Schnittstelle zwischen dem Nationalpark Hohe Tauern und dem Nationalpark Nockberge. Stille Bergseen, Hochmoore und Hochalmen ziehen hier die Naturfreunde an. In einer 5-tägigen Trekkingroute im hochalpinen Bereich wird der mächtige Gebirgsstock der Hochalmspitze umrundet.

Es handelt sich um keine neue Route, sondern um eine neue Kombination bestehender Wanderwege ohne Gletscher- und Kletterpassagen.

Die Hochalmspitze (3.360 Meter) gilt zu Recht als würdige „Rivalin" des Großglockners. Ausgangspunkt für diese einzigartige Tour durch diese wunderbare Berglandschaft sind wahlweise die Nationalparkgemeinde Mallnitz oder die Gmündner Hütte an der Maltatal-Hochalmstraße.

Mit Blick auf den Großglockner ist die Seppenalmhütte die höchstgelegene zu mietende Almhütte.

Das Lieser- und Maltatal

Ob wildromantische Felsenschlucht, lieblich-grüne Tal-Lage oder imposante Wasserfälle: Das Lieser- und Maltatal ist eine der erlebnisreichsten Regionen des Landes. „Einfach einmal innehalten im schnellen Lauf der Zeit und die zahlreichen Wunder der Natur neu entdecken" gilt es im Maltatal.

Wildromantische Felsenschluchten bestaunt man im ehemals sogenannten „Tal der stürzenden Wasser" am etwa fünf Kilometer langen Erlebnisweg im Maltatal. Die Malteiner Wasserspiele bieten einen beeindruckenden Blick auf Malta, Bäche und Wasserfälle.

Der Großglockner wacht majestätisch über das romantische Heiligenblut.

Der Fallbach, Kärntens gewaltigster Wasserfall, stürzt über eine 200 Meter hohe Felsflanke tosend in die Tiefe. Wegen dieser prächtigen Wasserfälle und Wildbäche gilt das Maltatal als eines der schönsten Tauerntäler.
„Das Haus des Staunens" in der Künstlerstadt Gmünd fasziniert mit seiner Ausstellung „WasserKLANGTRÄUME". Sie führt die Besucher in 40 Stationen auf eine fesselnde Reise in die Wunderwelt von Musik und Wasser. Ein Abstecher in das Porsche Museum in Gmünd gewährt Einblick in alte Porsche-Konstruktionen und zeigt viele originalgetreue Raritäten.

Goldene Zeiten

Zwischen den Bergdörfern Heiligenblut, Rauris und Großkirchheim drang bis zum Anfang des 17. Jahrhunderts seltsamer Lärm aus den schattigen Hochgebirgstälern. Denn hier wurde in engen Stollen unter unvorstellbaren Anstrengungen nach dem legendären Tauerngold geschürft. Der Winter war die Zeit für diese schweißtreibende und lebensgefährliche Arbeit. Das erzhaltige Material ließ sich im Schnee mittels Ledersäcken viel leichter in das Tal zu den Schmelzöfen transportieren. Längst ist hier der Goldrausch vorbei. Aber noch heute zeugen davon die Ruinen der Knappenstuben und Stollenlöcher im Großen Zirknitztal. Nach der Restaurierung und Erschließung des historischen Goldbergbaus „Grasleitn" wurde über den „Tauerngold-Weg Grasleitnstollen" der authentische Goldabbau der Öffentlichkeit zugänglich gemacht.

Party auf der Alm

Auf dem Katschberg haben wir einmal ein fantastisches Geburtstagsfest mit Sabine Herzog gefeiert. Sie hat uns vom damaligen Club Robinson – dessen Chefin sie war – auf die Hütte hinaufgeführt und unterwegs mit einer klassischen Jause aus Brot und Speck versorgt. Danach gab es aber noch ein Überraschungsbuffet: bergeweise Meeresfrüchte und Champagner in Strömen. Wieder heruntergebracht wurden wir mit Traktoren, die nicht nur uns, sondern auch Fässer voll Most geladen hatten. Es war unvergesslich. Wenn ich einmal ganz, ganz reich bin, möchte ich so ein Geburtstagsfest auch einmal selbst dort oben feiern.

Im Winter allerdings liegen die Stollen unter einer meterdicken Schneedecke begraben, und nur die wenigsten Schitourengeher, die vorbeikommen, wissen, auf welchen historischen Pfaden sie sich hier bewegen.

Auf den Spuren dieses faszinierenden Mythos rund um den Goldzauber der Region im 500 Jahre alten Gewerkenhaus der Goldschürfer wandelt die Ausstellung „Mythos Gold" im Putzenhof in Großkirchheim, wo Kärntens größtes Goldnugget, römische Goldbarren, Gold der Antike sowie Gold in seinen natürlichen Formen zu bestaunen sind.

In der Goldwaschanlage des europaweit einzigartigen Goldgräberdorfes beim „Alten Pocher" im Kleinen Fleißtal hat schon so mancher etwas Goldstaub in seiner Goldwaschschüssel gefunden. Die Bergwerkseinrichtungen und Bauwerke des Goldgräberdorfes wurden originalgetreu der großen Goldbergbau-Epoche des 16. und 17. Jahrhunderts nachgebaut.

„Mythos Gold" – das europaweit einzigartige Goldgräberdorf im Kleinen Fleißtal

Sämtliche Arbeitsschritte vom Abbau des Erzes über die Verhüttung bis zum reinen Gold sowie die Lebensweise der Knappen lassen sich ansehen und auch beim Goldwaschen selbst nacherleben. Nicht nur die Kinder verfallen da dem Goldrausch, auch Erwachsene wollen lernen, wie man im Sand eines klaren Gebirgsbachs nach Gold schürft.

Der Katschberg

Ebenfalls umgeben vom Naturpark Nockberge und den Hohen Tauern liegt der Katschberg auf 1.640 Meter Seehöhe. Rund 200 Kilometer zumeist familienfreundliche Wanderwege führen über saftige Almen in eine beinah unberührte Landschaft.
Selbst die Tourismusbetriebe in Katschberg haben sich voll und ganz dem Erlebnis der unverfälschten Natur verschrieben. Sie bieten dem Gast Erlebnisse der besonderen Art, die er so schnell nicht wieder vergisst.
Andreas Neuschitzer, Betreiber des alpinen Pferdezentrums auf dem Katschberg, denkt immer ans Wohl seiner Gäste. Um den Schifahrern im Winter den manchmal anstrengenden Marsch von seiner urigen Prinzenhöhe auf die Katschberghöhe zu ersparen, bietet er einen Pferdeschlitten an, der von ausdauernden Kaltblutpferden gezogen wird.
Von der Gamskogelhütte haben es Besucher, die den Hüttenzauber bis spät in die Nacht genießen, noch leichter. Sie borgen sich eine Rodel aus und sausen bei Flutlicht auf der 1,5 Kilometer langen Rodelstrecke in Richtung Katschberghöhe. Wer einmal eine nächtliche Rodelfahrt mitgemacht hat, der will sie immer wieder genießen.
Die Familien-Wintersportregion Katschberg-Rennweg umfasst rund 70 Pistenkilometer. Eine sechs Kilometer lange kerzengerade Schiautobahn A1 und „Katschis Kinderwelt" machen das Gebiet zu einem der beliebtesten Schigebiete für Kinder. Sie kommen hier ganz auf ihre Kosten und können ungehemmt den Schnee genießen.

Auf der Alm, da gibts ka Sünd

„Auf der Alm, da gibts ka Sünd!" Die Hinteregger Hotels Katschberg bieten mit ihrer „Kuschlalm" sündhaft Romantisches. Von den Kuschelnestern aus hat man einen traumhaften Ausblick ins Liesertal. Die Betreiber der urigen Kuschlalm, die Familie Hinteregger, steht für alpenländische Gemütlichkeit und moderne Wellnesskonzepte. Ich hab mich richtig wohl gefühlt bei ihnen!

Naturpark Nockberge

Lustwandeln auf den Nocken

Der Nationalpark Nockberge zählt zu den schönsten Bergregionen Österreichs. Die sanft gerundeten Berge und Kuppen, hierzulande liebevoll „Nocken" genannt, bilden den Kontrast zu den schroffen Gebirgsformen der Hohen Tauern im Westen und den Karawanken und Karnischen Alpen im Süden. Der Nationalpark Nockberge ist ein streng geschütztes Idyll: 216 Quadratkilometer groß erstreckt sich dieses Naturreservat westlich der Turracher Höhe, um die Nockberge in ihrer einmaligen Schönheit zu bewahren.

Die Nockalmstraße bietet die Möglichkeit, den Nationalpark auch ohne große sportliche Anstrengung zu erleben. Entlang der 34 Kilometer langen Straße von Ebene Reichenau bis Innerkrems befinden sich mehrere Informationsstellen, spezielle Kinder-Spielbereiche und mit dem über 300 Jahre alten Karlbad ein altes Bauernbad als kulturhistorisches Kleinod.

Inmitten vieler Almpflanzen gedeiht hier zwischen 1.800 und 2.400 Meter Höhe ein kleines, unscheinbares Baldriangewächs. Einst mit Gold aufgewogen und später extra besteuert, blüht der Speick von Juni bis August in gelblicher Farbe. Zu finden sind die Pflänzchen nur schwer, ihr unverkennbarer Duft schwebt aber über der gesamten Nockbergregion. Die charakteristische Note entstammt der Wurzel, aus der wertvolle Öle gewonnen werden. Schon vor 2.500 Jahren schätzte man im Orient den Speick wegen seines aromatischen Geruchs und seinen Fähigkeiten in der Kosmetik. Der Speick wirkt beruhigend auf das zentrale Nervensystem, während er zugleich das vegetative Nervensystem anregt. Er entspannt, ohne müde zu machen. Nach einem unkontrollierten Export der Pflanze wurde diese schließlich 1936 unter Naturschutz gestellt und darf nurmehr

Die Nockalmstraße mit ihren zahlreichen Kurven ist ein Traum für Biker.

in der Zeit von Mariä Himmelfahrt (15. August) bis Mariä Geburt (8. September) von zwei Bauernfamilien aus den Nockbergen in Handarbeit geerntet werden. Schritt für Schritt entstehen aus der Wildpflanze Körperöle, Badeessenzen, Hautcremen und Deos für die bekannte Marke „Speick Naturkosmetik" in Leinenfeld bei Stuttgart. Harmonisierende Speickanwendungen genießt man in den drei Harmony Hotels in Bad Kleinkirchheim, wo auch Fachvorträge über diese Heilpflanze angeboten werden. Wer auf den Spuren der Baldrianpflanze „duftwandeln" möchte, unternimmt dies entlang der Nockalmstraße.

Die Speickpflanze, die Alleskönnerin unter den Wildpflanzen

Als absolute Neuheit bietet die Nockalmstraße ab dem Sommer 2012 die einzigartige Fossilienausstellung „Versteinerte Welten" im „Nationalparkzentrum Nockalmhof". Dabei werden in einer Zeitreise durch die Erdgeschichte die schönsten Fossilienfunde Kärntens, unter anderem die besten Pflanzenfunde in den Nockbergen aus dem Karbonzeitalter vor rund 300 Millionen Jahren, zu bewundern sein. Versteinerte Relikte von bis zu 30 Meter hohen Schachtelhalmen und bis zu zwei Tonnen schwere Exemplare gelten als einmalige Unikate und zählen ebenso wie die über 230 Millionen Jahre alten Urfische und versteinerten Seeigel zu den Höhepunkten der Sammlung.

Die „Versteinerten Welten" bieten Fossilienfunde.

Bad Kleinkirchheim

Ganzjährige Energiequellen bietet der malerische Ort Bad Kleinkirchheim mit den Thermen Römerbad und St. Kathrein. Sie sind im Sommer wie im Winter ein begehrtes Ausflugsziel. Bäder mit Tannenduft, Massagen mit Speicköl oder Heubäder werden neben den traditionellen Wellness-Anwendungen geboten. „Von der Piste in die Therme" – Wellness, Fitness und Freiluftbecken befinden sich direkt neben der Piste, um die heilende Wirkung des Thermalwassers von Bad Kleinkirchheim mühelos zu erleben.

Winterwunderland Bad Kleinkirchheim

103 Pistenkilometer, 25 moderne Liftanlagen, 800 Schneekanonen, drei Rodelbahnen, Loipen und Winterwanderwege sowie 23 urgemütliche Hütten: In Sachen Wintersport ist der Weltcuport Bad Kleinkirchheim ganz vorne. Wo der Schizirkus gerne Station macht, ist auch ein ganz Großer der Szene zu Hause: Olympiasieger Franz Klammer scheint in seinem Heimatort allgegenwärtig. Die nach ihm benannte Weltcupabfahrt zählt zu den spektakulärsten und anspruchvollsten Strecken der Welt. Romantische Höhepunkte im winterlich verscheiten Bad Kleinkirchheim gibt es aber auch jenseits der Pisten.

Eine Hundeschlittensafari in die Schneewüste der Nockberge zu den umliegenden Bergschönheiten und urigen Almhütten garantiert eine intensive Begegnung mit der winterlichen Nocken-Natur.

Das Römerbad Bad Kleinkirchheim

Turracher Höhe

Das Hirschen Camp ist ein Abenteuerspielplatz für Kinder.

Die Turracher Höhe oben in den Nockbergen ist ein idyllisches Hochplateau auf 1.763 Meter Höhe. Turracher See, Schwarzsee und Grünsee – die drei Bergseen der Region – werden von den einladend sanften und doch bis zu 2.441 Meter aufragenden Nockberge-Gipfeln umrahmt.

Rund um die Turracher Höhe erstreckt sich Österreichs größter Zirbenwald. Die Zirben sind ein besonderer und seltener Vertreter der Nadelbäume. Ihr Lebensraum ist an die Höhenzonen um die Waldgrenze gebunden. Sie sind besonders robust, extrem kälteresistent und werden bis zu tausend Jahre alt. Das duftende Kieferngewächs ist auch als Königin der Alpen bekannt. Ihrem typischen Duft werden zahlreiche Wirkungen nachgesagt. Im Zirbenholzzimmer wird nachweislich der Kreislauf entlastet. Stressabbau und bessere Erholung im Schlaf sind die Folge, und das Holz hat angeblich die besten antibakteriellen Eigenschaften aller Holzarten. Auch Zirbenschnaps wird in diesen Regionen gerne getrunken. Auf der Turracher Höhe in den Nockbergen findet sich übrigens auch Kärntens einziger Bergbauer, der Zirbeneis produziert. Zumal die Zirbe der prägende Baum der Region ist, widmet man ihr eine eigene wöchentliche Wanderung über Wurzeltreppen hinein in die schönsten Zirbenwälder rund um die Turracher Höhe.

Die Turracher Höhenluft ist von besonders guter Qualität, kristallklar und pollenfrei. Speziell Allergiker profitieren von ihr.

Hirschen Camp im Jägerwirt

Neu in den Sommerferien: Die Outdoor-Abenteuerwelt für Kids & Jugendliche. Der „Hirschen-Camp-Ranger" begleitet Kids & Jugendliche (10-15 Jahre). Entdecken, sehen, begreifen, verstehen. Mutproben. Erfahrungen im Umgang mit der Natur sammeln. Wie unterscheiden sich Baumarten voneinander? Mit der Lupe durch geheimnisvolle Lebenswelten im Unterholz krabbeln. Die Nützlichkeit von Kräutern und Pflanzen. Persönliche Begegnung mit dem Kräuterhexer. Orientieren im Labyrinth des Zirbenwaldes. Wildtiere und ihre Fährten. Auf den Pfaden des Jägers. Auch Steine haben Geschichten … und noch vieles mehr! Jeder Teilnehmer wird großartige Erfahrungen machen und sein Wissen auf praktische Weise erweitern. Am Ende der Outdoor-Abenteuertage im „Hirschen Camp" winkt die Auszeichnung: ALPEN RANGER!

Atemberaubend schnelles Ice Polo auf der Turracher Höhe

Die Turracher Höhe zählt aber auch zu den schneesichersten Gebieten Österreichs. Bei der Turrach-Runde auf 2.205 Meter bietet sich die Möglichkeit, die Turracher Höhe auf Pisten und mit Hilfe von Liften zu umrunden – ein einmaliges sportliches Schi- und Naturerlebnis. Das Wintersportgebiet bietet beste Bedingungen für Schifahrer, Carver und Snowboarder.

Mit der Panoramabahn „Nocky Flitzer" geht es im Sommer wie im Winter hinauf zur einzigartigen Alpen-Achterbahn Kärntens, und zwar auf einer Länge von 1.600 Metern. Sie beginnt auf 2.000 Meter Höhe und führt kurvig durch idyllische Almwiesen zwischen Waldstücken entlang der Panoramaabfahrt zurück ins Tal. Der Nervenkitzel für die ganze Familie ist garantiert.

Der Turracher See auf 1.763 Meter Höhe wird zur Ice-Polo-Spielfläche, wenn am ersten Wochenende im März die Ice Polo Trophy stattfindet. Da es schneller, näher am Zuschauer und actionreicher ist als Arena Polo, wird das Spiel für die Zuschauer besonders attraktiv. Vom Spielen her ist das Winter-Polo ähnlich dem Beach Polo im Sand. Für Spieler und Pferde bedeutet es eine noch größere Herausforderung als das herkömmliche Rasen-Polo, weil auf dem Eis alles wesentlich rasanter abläuft. Eine besondere Handicap-Regelung ermöglicht es auch Anfängern, neben passionierten Spielern am Turnier teilzunehmen.

Der Millstätter See

Der Millstätter See liegt nördlich des Drautals bei Spittal an der Drau, ist 11,5 Kilometer lang und bis zu 1,8 Kilometer breit und nach dem Wörthersee Kärntens zweitgrößter, aber mit 141 Metern tiefster und wasserreichster See Kärntens. Die größeren Ansiedlungen am beliebten Badesee finden sich ausschließlich am Nordufer wie Seeboden, Millstatt und Döbriach.

Typisch für den Millstätter See ist die terrassenförmige Topografie: Der See auf 600 Meter Höhe bildet die erste Stufe. Die zweite Stufe auf 900 Meter ist das Hochplateau, das sich vom Ost- bis zum Westufer des Sees erstreckt. Auf 2.000 Meter liegt schließlich die dritte Stufe – die Millstätter Alpe.

Eine Wanderung auf der Millstätter Alpe beschert dem Besucher aber nicht nur traumhafte Ausblicke auf den Millstätter See und die umliegenden Berge, sondern „belohnt" ihn vielleicht mit dem Fund des begehrten Schmucksteins Granat. Die Millstätter Alpe birgt nämlich das größte Granatvorkommen der Alpen, und so

Der Millstätter See vom Sternenbalkon aus.

begeben sich Wanderer gerne auf Schatzsuche rund um den Millstätter See. Das Reich des „Feuersteins der Liebe" erkundet man am besten über eine Wanderung durch das mächtige Granattor entlang des Millstätter Höhensteiges oder im 300 Meter langen Stollen des „Granatium" in der alten Bergwerkstatt Radenthein. Die sanfte Gebirgswelt des Nationalparks Nockberge – Millstätter Alpe, Tschiernock, Goldeck, Mirnock – garantiert ein einzigartiges Erlebnis der Berg- und Seelandschaft. Der Millstätter See Höhensteig führt auf rund 200 Kilometer mit teils gemütlichen, teils anspruchsvollen Touren in einer Höhe von 600 bis 2.200 Metern rund um den Millstätter See. Acht Haupt- sowie zahlreiche Neben- und Verbindungsetappen geleiten den Wanderer in rund 13 Tagestouren über den Hochgosch auf das Goldeck, durch Baldramsdorf und Lendorf, über das Gmeineck, die Millstätter Alpe und den Großen Rosennock bis hin zum Mirnock.

Beim „Granatschürfen" im Granatstollen Radenthein

Besonderes Merkmal sind der Granat und acht Plätze, die nicht nur zum Verweilen einladen, sondern auch ihre Geschichte erzählen. Gleichzeitig sind es Orte, die sowohl den Blick auf den Millstätter See als auch auf den Weltenberg Mirnock freigeben. Der Millstätter Höhensteig gilt als Mittelpunkt der Kärntner Bergwelt, gesäumt von den Gailtaler Alpen, den Hohen Tauern und dem Nationalpark Nockberge. Die acht Hauptetappen wurden mittels GPS-Track-Erhebung metergenau erfasst. Der Millstätter See Höhensteig ist auch der erste Weitwanderweg Kärntens, der in Google Earth implementiert wurde und den Wanderern somit eine virtuelle Vorbereitung auf die Tour ermöglicht.

Auch im Winter ist der Millstätter See ein idealer Ausgangspunkt für das Schikarussell, in dem innerhalb von nur 20 Minuten jeden Tag ein neues Schigebiet erkundet werden kann wie etwa die längste schwarze Piste der Alpen am Goldeck mit einer Länge von 8,5 Kilometern und einem Höhenunterschied von 1.600 Metern.

Schloss Porcia in Spittal

Der Kulturweg Spittal an der Drau führt vorbei an geschichtsträchtigen Orten und beeindruckenden Panoramen. Zahlreiche ehrwürdige Gebäude wie das Renaissanceschloss Porcia säumen diesen gemütlichen Wanderweg.

Dieser Palazzo im Zentrum der etwa 16.000 Einwohner zählenden Stadt Spittal an der Drau gehört zu den schönsten und bedeutendsten Renaissancebauten nördlich der Alpen. Zahlreiche hochqualitative Kulturinitiativen sind im Schloss Porcia beheimatet – von den Komödienspielen Porcia über den Internationalen Chorwettbewerb bis hin zu literarischen Lesungen, Gitarrenkonzerten und klassischer Musik.

Schloss Porcia in Spittal, Zentrum lebendiger Kultur

Hotel Hochschober

Otto Retzer: Mein Kärnten

Das Hotel Hochschober

Das berühmte Hotel Hochschober auf der Turrach ist ein Ort, an dem man Kulturen aus aller Welt begegnen und sie genießen kann. Das Erste, was man machen muss, wenn man dort oben ankommt, ist, sein Handy abzugeben. Es bleibt ausgeschaltet – während man sich im Hamam verwöhnen lässt, meditiert, im Chinesischen Turm eine Teezeremonie genießt oder im sensationellen Seebad seine Runden dreht – immer die Berge vor Augen. Martin Klein hat hier als Erster ein beheiztes Becken in einen See hineingebaut. Das Wasser ist angenehm warm, und trotzdem schwimmt man in reinem Seewasser.

Die Turrach ist auch für ihren herrlichen Zirbenschnaps aus den roten Zirbenzapfen bekannt. Man muss sie von Hand sammeln – aber das lohnt sich!

Das Hotel Hochschober hat eine sehr alte Tradition. Schon seit 1929 empfängt die Familie Leeb hier Gäste. Seither hat sich vieles verändert, aber der Zauber dieses Platzes ist unverändert geblieben. Vielleicht ist er sogar noch größer geworden mit der Zeit, denn hier herrscht wunderbare Ruhe. Ganz in der Nähe haben sich gute Freunde eines der schönsten Almhäuser gebaut, die es gibt; Andrea und Fredi Riedl von Jacques Lemans.

Festspiele in Schloss Porcia

Im Schloss Porcia in Spittal an der Drau finden jedes Jahr die Komödienfestspiele statt. So oft ich kann, fahre ich dort hin, denn die Festspiele haben wirklich eine sehr hohe Qualität. Im Porcia ist eines der schönsten Heimatmuseen Kärntens untergebracht. Dafür sollte man sich die Zeit unbedingt nehmen. Wir haben dort unter anderem einen Film mit Tobias Moretti und Otto Schenk gedreht, „Opa und die 13 Stühle". Während der Öffnungszeiten des Museums haben sich Schenk und Moretti für den Film in einer Ritterrüstung versteckt. Das hat einige Besucher fast zu Tode erschreckt und andere haben sich kaputtgelacht! Wenn ich in Pension gehe, möchte ich im Porcia unbedingt noch ein Theaterstück inszenieren. Gut, dass der Spittaler Bürgermeister Gerhard Peter Köfer so viel für die Kultur übrig hat.

In Schloss Porcia in Spittal fühle ich mich immer wohl.

Angeln im Millstätter See

Der Millstätter See ist der wohl fisch- und artenreichste See Kärntens, man kann vom Boot aus Reinanken, Seesaiblinge und Seeforellen angeln. Im Uferbereich leben Laube, Rotauge, Döbel, Barbe, Schleie, Karpfen und die Raubfische Wels, Hecht, Zander, Barsch und Aal.

Mit diesem Reichtum steht der See unter besonderem Schutz. Das hat viele positive Auswirkungen für die Ruhe suchenden Urlauber, die sich gern in der geschützten Natur bewegen. Am Millstätter See mit einem Fischer unterwegs zu sein ist ein besonderes Erlebnis und doch etwas ganz Naheliegendes, hier dreht sich nicht nur im September beim Kristall-Renke-Angeln alles um die Fische.

Etwas Besonderes für Familien ist in Seeboden das Hotel Camping Royal, ein typisches Jugendhotel. Dort kann man 38 verschiedene Sportarten betreiben, unter anderem gibt es eine Kletterwand. Manchmal wird sie auch von Älteren genutzt – ich hab sie auch ausprobiert.

Der Pool des Hotels Hochschober ist immer einladend.

Der Milstättersee im Frühling

Hier entspanne ich gerade doppelt hochherrschaftlich: erst im Pool und anschließend im 1001-Nacht-Bad des Hotels Ronacher in Bad Kleinkirchheim.

Europaschutzgebiet Obere Drau

Flusslandschaft und Kletterparadies

Die Drau ist eine der letzten naturbelassenen Flusslandschaften der südlichen Alpen. Die sanften Gipfel der Kreuzeckgruppe im Norden, die markanten Gebirgszüge der Gailtaler Alpen im Süden, die schroffen Zinnen der Lienzer Dolomiten im Westen und mitten drin die einzigartige Flusslandschaft der Drau sind die Kulisse für zahlreiche und vielfältige Naturerlebnisse.

Kanuwandern auf der Drau über 66 Kilometer Flusslandschaft

Die Drau – Paradies für Wassersportler

Die Drau ist in vielerlei Hinsicht die ökologische Lebensader des oberen Drautals. Mit ihren lieblichen Auen und urwüchsigen Ufergehölzen bietet sie Nahrung und Lebensraum für viele Wasser liebende Tier- und Pflanzenarten und ist gleichzeitig ein Naturparadies für Wanderer, Kletterer und Wasserfreunde. Sie wurde im Rahmen eines europäischen Life-Projektes als Naturschutzgebiet ausgewiesen.

Die Ferienregion Oberdrautal ist Österreichs größter natürlicher Outdoorpark. Ein neues Drau-Kanu-Camp in Dellach ist zentrale Anlaufstelle für Kanutouren auf der Drau. Auf der rund 66 Kilometer langen unverbauten Flussstrecke zwischen Oberdrauburg und Sachsenburg taucht man ein in die Natur und Stille der Landschaft. Speziell ausgebildete Flusswanderbegleiter helfen beim Entdecken und Genießen.

Die Hohenburg

Die Hohenburg ist das Wahrzeichen von Oberdrauburg.

Die Hohenburg ist das Wahrzeichen von Oberdrauburg. Die große Wehrburg mit viereckigem Grundriss und einem mächtigen Burgfried, der früher als Wohnturm diente, wurde erstmals 1375 urkundlich erwähnt.
Heute ist die Burg im Besitz der Marktgemeinde Oberdrauburg, die sie liebevoll restauriert hat. Sie ist zugleich Denkmal und Zentrum für diverse kulturelle Veranstaltungen und wird von Touristen wie Einheimischen rege frequentiert.

Klettern in Greifenburg

Erste wichtige Klettergriffe können im Hochseilgarten in Greifenburg geübt werden, und Schnupperklettern gibt es in Irschen in der Klofl-Kletterwand.
Aber ein einzigartiges Kletterabenteuer im Oberdrautal ist der Klettersteig durch die Pirkner Klamm mit dem Schwierigkeitsgrad C. Zahlreiche Hängebrücken über den tosenden Wildbach bieten einen ständigen Nervenkitzel.
Neben Kanutouren ins natürliche Paradies und Klettertouren zwischen Wildwasser und Dolomitengipfel bieten sich hier dem sportlichen Urlauber vor allem Radtouren durch südalpine Gärten, zwischen Wachholderhainen und Bergkräutern, Bike-Safaris zu den Bergbauern und Almsennern, Trekkingtouren durch die Kreuzeckgruppe oder zum Reißkofel sowie Wanderreisen zu Kraftorten und Seelenplätzen im Oberdrautal an. Egal ob man Erholung, Nervenkitzel oder innere Einkehr sucht – hier findet sich für jeden etwas.

Schnupperklettern in der Klofl-Kletterwand

Nasses Vergnügen

Eine der schönsten und spannendsten Wassersportarten in Kärnten ist das Rafting. Wir haben es auch ins Drehbuch für „Ein Schloss am Wörthersee" eingebaut. Pierre Brice sollte mit einem kleinen Buben raus aufs Wasser, Julia Kent sang dazu ein Lied. Das endete aber damit, dass Julia über Bord gegangen ist und gerettet werden musste – das ganze Team inklusive Kamera wurde dabei durchnässt! Wir dachten eigentlich, dass wir den Dreh wiederholen müssten – aber die Aufnahmen sind die schönsten geworden, die es je von einer Rafting-Tour gegeben hat.

Die Karnischen Alpen

Täler, Schluchten, Seen

Im sonnigen Süden, an der Grenze zu Italien, liegt die Region „Naturarena Kärnten" mit den Gebieten Gailtal, Gitschtal, Lesachtal, Weissensee und Nassfeld-Hermagor. Die mächtigen Berge der Karnischen Alpen und der Gailtaler Alpen sowie die weitläufigen Berggebiete ermöglichen faszinierende Touren über hohe Berge, sanfte Almen, imposante Schluchten, romantische Täler und dazu noch Terrassenplateaus mit traumhaften Ausblicken auf die Julischen Alpen und die Dolomiten. Es locken mehr als 1.000 Kilometer Wander- und 800 Kilometer Mountainbikestrecken.

Die Region Nassfeld bietet eine der größten Sonnenterrassen Kärntens.

Die Region Nassfeld

Die Region Nassfeld-Hermagor-Pressegger See wartet mit einem weitläufigen Bergpanorama, glitzernden Seen und vielen Sonnenstunden auf.

Eingebettet im zweitgrößten Schilfgürtel Österreichs liegt das Naturjuwel des Gailtales – der Pressegger See – der wie die vielen anderen Seen in Kärnten Trinkwasserqualität aufweist. Mit bis zu 28 Grad zählt er zu den wärmsten Badeseen in Österreich.

Das Schigebiet Nassfeld-Hermagor mit über 110 Pistenkilometern gilt als eines der größten und modernsten Österreichs. Der Millennium Express, die längste Kabinenbahn der Alpen, bringt die Sportler nach oben. Das letzte Drittel der 7,6 km langen Abfahrt „Carnia" wird in den Wintermonaten zur längsten Flutlichtpiste im Alpenraum. Auf den weitläufigen Sonnenterrassen finden sich Hängematten, Kuschelkörbe, Doppelliegestühle und Sofas, die neben einem unvergesslichen Bergpanorama auch einen Ausblick ins benachbarte Italien gewähren.

Nassfeld glänzt mit dem längsten Pistenlicht Österreichs!

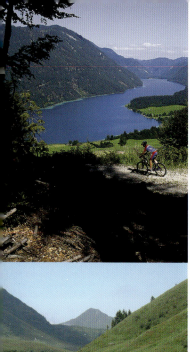

Das Gitschtal – ein idyllischer Landstrich im Herzen der Naturarena Kärnten, eingebettet zwischen dem kristallklarem Wasser des Weissensees im Norden und den herrlichen Gipfeln der Sonnenalpe Nassfeld im Süden.
Jürgen Kanzian aus Dellach im Gailtal hält eine besondere Überraschung bereit: Trekkingtouren mit seinen acht sanften Lamas in den Gailtaler oder Karnischen Alpen.

Der Weissensee

Es gibt keine Durchzugsstraße, es wurde Bauland rückgewidmet und zwei Drittel des Seeufers sind unverbaut. Der Weissensee liegt in den östlichen Gailtaler Alpen auf einer Höhe von 930 Metern. Die wirtschaftliche Tätigkeit wird mit Rücksicht auf den Naturraum betrieben und liefert wertvolle Beispiele für eine nachhaltige Weiterentwicklung einer spezifischen Region. Der enge Zusammenhang zwischen qualitativ hochwertigem, sanftem Tourismus und Erhaltung des intakten Naturraums ist der ansässigen Bevölkerung bereits lange bewusst.

Lamatrekking, die besondere Art, die Natur zu erkunden (lamatrekking.at)

Spurensuche von Bären, Luchsen, Bart- und Gänsegeiern mit Wildexperten, Trekkingtouren auf naturbelassene Almen mit fantastischem Blick auf den Weissensee, Tauchgänge mit dem Fischökologen Martin Müller mit anschließender Fischverkostung gleich am Ufer oder Genussfloß-Touren am 12 Kilometer langen See bieten eine Urlaubsidylle, die ihresgleichen sucht, denn der Weissensee lockt auf jeden Fall mit Erlebnissen und Genüssen jenseits der herkömmlichen Touristenattraktionen. Der See und die Luft sind kristallklar, man urlaubt in einer Region mit Heilklima, ausgezeichnet mit dem „Europäischen Preis für Tourismus und Umwelt".

Selbst im Winter, wenn der See spiegelglatt gefroren ist, bleibt er durchsichtig, sogar die Felsen unter Wasser sind erkennbar. Jeweils Ende Jänner mutiert die größte natürliche Eisfläche Europas zu einem immensen Eissalon mit bis zu 25 Kilometer langen Rennbahnen. 5.000 Holländer strömen dann zu den Eisschnelllaufmeisterschaften an den See.

Baden in kristallklaren Buchten, Eislaufen oder einfach nur entspannen in der Natur, der Weissensee bietet für jeden etwas.

Die 6,5 Quadratkilometer große Natureisfläche zieht aber auch jene Golfer an, die selbst im Winter nicht auf den Abschlag verzichten möchten. Beim Eisgolfturnier Anfang Februar werden neun Fairways in die Schnee- und Eisdecke des Weissensees gewalzt.

Das Lesachtal

Eines wollen die Lesachtaler auf keinen Fall – überrannt werden von Winter- und Sommerfrischlern, denn sie haben ihre eigene Vorstellung vom Tourismus. Die 1.500 Einwohner des Tales haben einen einfachen Konsens gefunden: Ein Gästebett pro Einwohner gültig für alle Ortschaften des Tales, daher betreiben im Lesachtal ausschließlich die Einheimischen den Tourismus, denn diese Beschränkung der Bettenanzahl ist wirtschaftlich uninteressant für große Hotelketten und internationale Konzerne.

Die Bauern haben ihre stattlichen Höfe zu Pensionen und Hotels mit großem Komfort ausgebaut. Die Lesachtaler leben aber weiterhin zum Großteil von der Landwirtschaft und legen großen Wert auf alte Traditionen und überlieferte Werte wie das Backen des berühmten Lesachtaler Brotes. Wo die Bauern seit jeher ihr eigenes Korn gemahlen haben, sind fünf Jahrhunderte alte Wassermühlen erhalten geblieben

In diesem zwischen den Dolomiten und den Karnischen Alpen eingebetteten Hochtal wird nur gute Luft geatmet, beim Wandern, Bergsteigen oder beim Mountainbiken auf den Forststraßen. Wer einen Tag als Hirte oder Senner mit den Bauern arbeitet, erhält Einblick in die unverfälschte Lebensweise der Lesachtaler. Birnbaum, Liesing, St. Lorenzen und Maria Luggau sind die romantischen Urlaubsorte, die im Tourismus ihren eigenen Weg beschreiten von der Abgrenzung vom Massengeschmack der modernen Konsumgesellschaft hin zur Sehnsucht nach Authentizität. Sie werden aufgrund der Gästebettbeschränkungen weiterhin ein Geheimtipp bleiben.

Mühle im Lesachtal

Wallfahrt ins Lesachtal

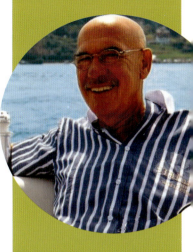

Alle Kärntner wissen, dass ich Ministrant war. Als Jugendliche sind wir oft mit unserem Pfarrer Stanislaus Sulzer nach Maria Luggau auf Wallfahrt gefahren. Der Dom von Luggau ist einer der schönsten kirchlichen Bauten, die es im Bergland gibt, und weit über die Grenzen Österreichs bekannt. Vor ein paar Jahren hat sogar der Papst eine Reise dorthin geplant, die ganz kurzfristig wegen Krankheit abgesagt wurde. Für uns Löllinger waren die Wallfahrten nicht nur fromme, sondern vor allem fröhliche Erlebnisse. Für die Erwachsenen meist feucht-fröhliche! Auf der Rückfahrt nach Lölling hat man ihnen das oft auch angemerkt.

Der Karnische Höhenweg

Wandern im Lesachtal – unberührte Natur erleben

Der Karnische Höhenweg führt in acht bis elf Tagesetappen 155 Kilometer entlang der Grenze zwischen Kärnten und Italien und ist Teil der Via Alpina. Er kann wohl als einer der schönsten Wanderwege im Alpenraum bezeichnet werden. Er wurde bewusst so angelegt, dass er keine sportliche Höchstleistung erfordert, sondern auch von Wandergruppen und Familien zu bewältigen ist.

Von Sillian zieht sich der Weg entlang der Karnischen Alpen bis zum Naßfeld. Immer wieder wechselt man beim Durchwandern der landschaftlich beeindruckenden Bergwelt die geschichtsträchtige Staatsgrenze zwischen Österreich und Italien. Im 1.Weltkrieg begann hier 1915 der Gebirgskrieg, und man legte Front- und Versorgungswege an. Später wurde dieses gewaltige Wegnetz wieder instand gesetzt und zu Wanderwegen bzw. Friedenswegen, „damit Wege, die einst Fronten trennten, ... heute verbinden".

Am landschaftlich schönsten und abwechslungsreichsten Teil zwischen Sillian und dem Plöckenpass passiert man acht Schutzhütten und 20 leichte Wandergipfel. Für Alpinisten entlang des Weges gibt es auch anspruchsvolle Gipfelziele und Klettersteige wie den Monte Peralba oder die Hohe Warte, die auch als Tagestouren von den Ortschaften des Lesachtales aus erreichbar sind.

Der Karnische Höhenweg, auch Friedensweg genannt, führt durch ein landschaftlich überaus schönes und abwechslungsreiches Gebiet. Die Vielfalt an Bergformen beruht auf dem komplexen geologischen Aufbau der Karnischen Alpen. Deshalb wurde zwischen Sillian und dem Nassfeld entlang des Weges ein Geologischer Lehrpfad eingerichtet. Mit Hilfe von Schautafeln wird die Geologie des Gebirgszuges erklärt. Vor rund 350 Millionen Jahren lag diese Landschaft unter Wasser. In den Kalkfelsen entlang der Wege finden sich eingeschlossene fossile Korallen, Muscheln und Tintenfische.

Der Geopark Karnische Alpen

Seit Beginn des 19. Jahrhunderts hat die Karnische Region Erdwissenschaftler aus allen Teilen der Welt angezogen. Tatsächlich gibt es kein anderes Gebiet in den gesamten Alpen, in dem noch so reiche Zeugnisse aus dem Erdaltertum erhalten geblieben sind. Zu den Naturschätzen gehören nicht nur Gesteinsformationen mit den darin enthaltenen fossilen Tier- und Pflanzenresten, sondern auch unzählige Naturdenkmale – wie viele hundert Meter hohe Kalkformationen, geheimnisvolle Höhlen, finstere Schluchten, enge Klammen, tosende Wasserfälle oder idyllische Bergseen.

Der neu etablierte, rund 830 Quadratkilometer große Geopark Karnische Alpen im Süden Österreichs an der Grenze zu Italien umfasst neben den Karnischen auch die Gailtaler Alpen mit Höhen bis zu 2.800 Meter. Im Rahmen der geologischen Wanderungen werden Besuchern die faszinierenden erdgeschichtlichen Naturdenkmäler des Geoparks gezeigt und 500 Millionen Jahre Erdgeschichte anschaulich gemacht.

Die beliebteste Wanderung im Lesachtal führt in einem etwa dreistündigen Fußmarsch von der Hubertuskapelle im Wolayertal aus zum Wolayersee auf 1.960 Meter Höhe.

Kärntner Kulinarik

Leckerbissen zwischen Alpen und Adria

Sie frönen dem Schmaus und Trank und auch der Gastfreundlichkeit, jene Reiseberichte, die der Bischofssekretär aus Caorle Paolo Santonino 1485 eigentlich zum damaligen Zustand der Pfarren verfassen sollte. Die Küche auf Burg Kühnegg im Gailtal schien es dem bischöflichen Gesandten besonders angetan zu haben. Er zählte insgesamt neun Gerichte auf. Von: „Erstens Brathühner, Rebhühner und Lammstücke, zweitens gesottene Hühner in Suppe, drittens Fische aus dem Presseggersee ohne Suppe ..." bis „neuntens Äpfel, Birnen, Käse und grüne Nüsse, dazu schneeweißes Brot und Wein so klar".

Bunte Kärntner Vielfalt auf dem Tisch: Vom Steinpilzpfandl über die Bergwiesen-Heucreme bis zur Brettl-Jause.

Kärnten ist bis heute eine der kulinarisch ergiebigsten Regionen Österreichs geblieben. Seiner Lage als Kernstück zwischen Alpen und Adria am Schnittpunkt dreier Sprach- und Kulturzonen verdankt die Kärntner Küche ihre unverkennbaren italienischen und slawischen Einflüsse in Kombination mit der typisch österreichischen Alpenküche.

Der Ursprung

Frisch, saisonal und regional, das sind die wichtigsten Eigenschaften der Kärntner Küche. Der Ursprung der meisten Kärntner Kochrezepte findet sich in der Bauernküche. Die bäuerliche Bevölkerung aß, was das Land eben hervorbrachte – und genau das ist es auch, was die Kärntner Küche auszeichnet: nämlich die Verwendung von frischen Zutaten, die man in dieser Qualität und Vielfalt nur in alpenländischen Regionen findet.

Frischer geht's nicht!

Das Glocknerlamm

Limousin-Rind auf der Alm

Ihre Schätze und Traditionen pflegen die Kärntner mit Leidenschaft und großem Aufwand, denn in ihrer Authentizität sehen sie ihre Zukunft. So haben sich engagierte Schafbauern im Mölltal und der Region Hohe Tauern zur Arge Glocknerlamm zusammengeschlossen. Durch die bis in die Gletscherregionen hineinreichenden Weidegründe erlangt das Fleisch der Lämmer einen besonderen Geschmack nach Kräutern. Diese hohe Qualität kann unter anderem jeweils im September beim Glöcknerlamm-Fest in Heiligenblut verkostet werden. Null Kilometer legen auch die Zutaten zurück, die bei den „0-km-Menus" aus der Nationalpark-Region Hohe Tauern von den TauernAlpin-Genuss-Wirten kredenzt werden nach dem Motto „frischer geht es nicht".

Das Mittelkärntner Blondvieh und das Nockberge-Almrind erfreuen den Gaumen, und jeder Kärntner Wirt schätzt die Vorzüge dieser Rinder. Selbst der Hotelier Gerald Hinteregger aus Bad Kleinkirchheim gerät ins Schwärmen, wenn er von der Aufzucht der eigenen Rinder erzählt. Sein Limousin-Rind, ursprünglich im Südwesten Frankreichs beheimatet, fühlt sich auf den saftigen Almwiesen mit den vielen Bergkräutern in den Nockbergen sehr wohl. Seit 18 Jahren züchtet er diese Rinder und in seinem Wellnesshotel Kirchheimerhof steht das zart mamorierte Limousin-Rind mit besonderen Schmankerln auf der Menükarte.

„Mostbarkeiten"

Jeden Frühsommer verwandeln mehr als eine halbe Million Obstbäume das Lavanttal in ein wahres Blütenmeer. Das Wissen um die Verarbeitung von guten alten Apfelsorten zu Most, Apfelsäften, Schnaps und Apfelwein wird hier rund um das imposante Benediktinerstift St. Paul von Generation zu Generation weitergegeben. Die hiesigen Obstbauern gründeten den Verein „Mostbarkeiten". Für sie ist die Rückkehr zum Bodenständigen, zur Region nachvollziehbar und kontrollierbar. „Mostbarkeiten" bedeutet nicht nur Most, Saft und Schnaps, es ist auch die Freude, der Region ihr traditionelles prägendes Bild wiederzugeben. Das Obst wird meist händisch von den Bäumen geschüttelt und aufgelesen. Entscheidend für die Qualität sind die Pflege der Obstbäume, der optimale Erntezeitpunkt und die rasche Weiterverarbeitung. Von der Qualität der „Mostbarkeiten" überzeugt man sich am besten auf einer Wanderung zu den urigen

Buschenschanken. So werden die bäuerlichen Gaststuben und -gärten genannt, die nur auftischen dürfen, was auch im eigenen Betrieb erzeugt wurde: Speck, Würstl, knuspriges Brot und in diesem Fall die „Mostbarkeiten".

Im Lavanttal führt der Weg zur Jause über eigene Mostwanderwege auf den Spuren des Lavantaler Apfelfizzante, des spritzigen Most und der natürtrüben Apfelsäfte bis hin zum „Hochprozentigen" am Zogglhof bei St. Paul, dem kulinarischem Zentrum der Region mit eigenem Obstbaumuseum.

Sanftmütige Bienen

Bernsteinfarbig, kräftig, würzig und etwas herb ist der Rosentaler Waldhonig der Carnica-Biene. Geduldige Imker, reinrassige Bienen und eine intakte Natur bescheren dem Rosental Produkte wie den Gebirgs- und Blütenhonig mit dem unverkennbaren Aroma des Wiesensalbeis. Die Carnica-Biene ist eine widerstandsfähige und ertragreiche Bienenrasse, auf deren Kultivierung sich mittlerweile 260 Imker in der Region Rosental spezialisiert haben. Für Honigmäuler bietet daher die Wirtegemeinschaft „Rosentaler Reigen" eine Vielfalt an Gerichten mit Carnica-Honig an. Beim Hadnfest im Frühsommer in der beschaulichen Idylle des Jauntales in der Gegend zwischen Neuhaus und Globasnitz ergibt sich die Gelegenheit, die vielen Jauntaler-Hadn-Gerichte zu probieren. „Hadn", so heißt dieser spezielle Buchweizen. Im Jauntal wird er besonders gepflegt, auch weil er viele Vorteile hat. Der Buchweizen gedeiht auf kargstem Boden, zeichnet sich durch seine kurze Vegetationszeit aus und ist reich an Kalium, Eisen, Kalzium, Magnesium, Kieselsäure und Vitaminen.

Es hat für die Neugebauers viel Mühe und liebevoller Arbeit bedurft, ihr Restaurant und die Schmiede wieder herzurichten.

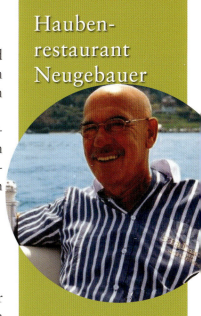

Haubenrestaurant Neugebauer

Es gibt in Lölling ein Haubenrestaurant, in das die Leute von weit her kommen. Vor allem die Backhendl sind in der ganzen Gegend berühmt. Das Wirtshaus führen seit 150 Jahren die Neugebauers. Mein Freund Berti und seine Frau Theresia haben es an ihren Sohn Walter und seine Frau Franziska übergeben. Die Enkelinnen arbeiten sogar schon mit. Die Neugebauers dürfen ganz zu Recht stolz darauf sein, was ihnen gelungen ist. Das Wirtshaus beherbergt ein Schlossereimuseum, da sich im Gebäude ursprünglich eine Schmiede befand. Das Museum zeigt einen fast vollständigen Betrieb, so wie er früher ausgesehen hat.

Hotel Tuffbad Bergwiesenheu-Creme

Zutaten: 3 Eidotter, 70 g brauner Kandis-Zucker, ¼ l frische Milch, 1 Handvoll bestes Bergwiesenheu, 1 Vanilleschote 2 cl Galliano, 4 Blatt Gelatine, 200 ml Sahne, 2-3 Tl getrocknete Heublumen (Hundsrose, Malve, Kornblumen, Melissen, Wilder Salbei usw.)

Zubereitung: Milch am Vortag mit den Heublumen als Tee über Nacht ziehen lassen. Am nächsten Tag das Heu durch ein Tuch seihen und mit dem Kandis erwärmen. Eidotter mit ausgekratzter Vanilleschote und Milch erhitzen. Eingeweichte und ausgedrückte Gelatine in die noch heiße Milch geben und alles im kalten Wasserbad schaumig schlagen. Kurz vor dem Stocken Heublumen, Galliano und geschlagene Sahne beigeben und in die vorher mit Öl und Puderzucker hergerichteten Dariolförmchen abfüllen. Stocken lassen.

Anrichten: Einen Spiegel Holunderkompott in einen Teller gießen, Creme daraufsetzen und fein geschnittenen Stängel der Engelwurz darüberstreuen.

Der Jauntaler Hadn ist das Basisprodukt verschiedenster Spezialitäten vom Hadnsterz über Hadnnudeln bis hin zu den berühmten Hadnmehlknödeln oder der beliebten Hadntorte. Für leidenschaftliche Hadn-Anhänger gibt es sogar Hadnbier und Hadnlikör zu verkosten.

Eine Fahrt ins Jauntal ist im Speziellen auch eine Reise zu kleinen Bauernhöfen, wo eine der bekanntesten Spezialitäten Österreichs, die Jauntaler Bauernsalami, reift. „Da schmeckt man den Bauern heraus", sagen die Kenner der Jauntaler Salami, und so wurde aus diesem Produkt mittlerweile eine Marke, die Tausende Salami-Genießer jedes Jahr im August zum Salamifest in die Region nach Eberndorf lockt. Typisch für die Jauntaler Salami sind ihre herrliche Farbe und ihr feiner Duft nach Knoblauch. Die 20 Bauern im Unterkärntner Jauntal haben sich zu einem Verein zusammengetan und produzieren ihre Salami, die „Königin der Würste", nach klaren Richtlinien. Vom Ferkel bis zur fertigen Salami – alles muss aus dem Jauntal kommen.

Speckhappen und Brot

Fest in der Konsistenz, zart im Biss und mürb auf der Zunge: der Gailtaler Speck weist einen mildsalzigen, gut ausgeprägten Pökel-, Räucher- und Fleischgeschmack auf, der leicht würzig ist. Charakteristisch für das EU-geschützte Produkt sind seine rote Farbe und das schneeweiße Fett. Gailtaler Speck darf nur genannt werden, wenn von der Geburt des Ferkels über die Aufzucht bis zur Schlachtung alle wesentlichen Schritte im Gailtal durchgeführt wurden.

Würzige Kräuter wachsen auf jeder Alm – greifen Sie zu!

Mehrere Tonnen Speck, etwa 3.000 Salamistangen und 15.000 Würstchen – so viel Fleisch steht jeden Juni beim alljährlichen Gailtaler Speckfest im Hermagor auf dem Speiseplan. In zahlreichen Speckhütten und an Ständen werden die Gustostückerl verkostet. 18 Almkäsereien im Gailtal produzieren nach alter Sennertradition auf 1.500 Meter Höhe den würzigen „Gailtaler Almkäse". Auf der Tresdorfer Alm weiht eine Schaukäserei in die Geheimnisse des Käsemachens ein. Demnach gilt das Käsefestival in Kötschach-Mauten als genussvoller Höhepunkt der kulinarischen Feste in Kärnten. Alljährlich im September wird es zum gesellschaftlichen Treffpunkt von zahlreichen Käseproduzenten, Ausstellern und Besuchern aus ganz Europa.

Im romantischen Lesachtal, über dem auf weiten Hangterrassen die Felder und Höfe der Bergbauern liegen, war Selbstversorgung schon immer lebenswichtig. So entstanden die vielen Mühlen am Wasser und der Anbau von Brotgetreide blieb erhalten, vor allem von Weizen. 10.000 Jahre alt ist die Kunst des Lesachtaler Brotbackens. Der Weg vom rohen Korn zum fertigen Brotgenuss ist seit Jahrhunderten unverändert. Jede Lesachtaler Familie hat ihre eigenen Gewürze und Mischungen für ihren Teig, und diese Geheimnisse werden streng gehütet.

„Wildschmankalan"

Wild ist fettarm, reich an Vitaminen, Mineralstoffen und Spurenelementen. Das Metnitztaler Wild ernährt sich von Quellwasser, Kräutern, Gräsern und Waldfrüchten. Um dem reichen heimischen Wildangebot im Gurk- und Metznitztal einen besonderen Stellenwert in den Küchen der Region zukommen zu lassen, haben sich neun Gastwirte aus dieser Region 2001 zu einer Kooperation mit dem Wildhandel und der Kärntner Jägerschaft als die Hemmaland-Wildwirte zusammengeschlossen. Alles „Wild" ist zu finden am Metznitztaler Wildfest im August unter anderem mit gegrillten Hirschsteaks, Hirschbraten, Wilderer Wok und Wildgulasch.

Delikatessen aus dem Netz

Wild gefangene Fische aus den Kärntner Seen und Bächen sind eine Rarität, und für Feinschmecker, oder Feinspitze wie man hier sagt, liegt die Sache klar auf der Hand: Die kurze Reise der schuppigen Delikatessen vom Wasser in die Pfanne macht sie zu einem Objekt der Begierde wie etwa die Reinanken aus dem Wörthersee. Ihr weiches, schmackhaftes Fleisch und ihre großen, leicht zu lösenden Gräten erlauben es, sie unbekümmert zu genießen. Viele Kärntner

---

Miralago Topfen-Salbei-Tascherl

Nudelteig: 400 gr Mehl, 4 Eier, 1 EL Olivenöl Salz, etwas Wasser

Alle Zutaten kneten, 30 Min. ruhen lassen Fülle: 50 gr Vollmilchtopfen, 2 Eigelb, 1 Stk. Lauch (weiss), 2 Knoblauchzehen, Salz, schwarzer Pfeffer, frischer Salbei.

Zubereitung: Lauch in Butter anschwitzen, vom Herd nehmen, Knoblauch pressen, mit den übrigen Zutaten gut vermengen. Teig dünn auswalken (Nudelmaschine), Fülle portionsweise aufbringen, mit zweiter Teigschicht bedecken und Tascherl ausradeln. In Salzwasser 4 min. bissfest köcheln, abseihen und mit Küchenkrepp trockentupfen.

Salbeibutter: 250 gr Bauernbutter, 30 Salbeiblätter Bauernbutter mit Salbeiblättern bei mittlerer Hitze bräunen, bis die Blätter knusprig sind Anrichten: Die Tascherl mit Salbeibutter und Parmesan heiß servieren.

Weissenseerhof Dinkel-Gemüsestrudel

Zutaten: 500 Gramm Dinkelmehl, 50 gr flüssiges Kokosfett, 1-2 Eier, ¼ lt warmes Wasser, Steinsalz.

Zubereitung: Zutaten vermengen, ruhen lassen. Den Teig ganz dünn ausrollen.

Zutaten: 600 gr Gemüse (Zucchini, Sellerie, Karotten, Petersilienwurzel, Kürbis). 50 gr frische Kräuter

Herstellung: Gemüse raspeln und ausdrücken. Salzen, Kräuter hacken und dazugeben. Gemüsemischung in den Teig rollen. Auf ein bemehltes Blech setzen und mit einem verquirltem Ei bestreichen. 30 Minuten bei 175 Grad backen.

Trüffelbasensauce: 100 gr mehlige Kartoffeln, 300 ml Wasser, 1 El Trüffelöl, 1 schwarze Trüffelknolle

Zubereitung: Kartoffeln kochen. Mixen, bis eine feine Sauce entstanden ist. Das Trüffelöl dazugeben und mit wenig Steinsalz abschmecken.

Wirte halten den Seesaibling für den besten heimischen Fisch. Andere hingegen schwärmen vom herrlichenen Fleisch des Hechtes. Der Kärntna Låxn, eine spezielle Seeforelle mit leicht rötlichem Fleisch und feinem Geschmack, war einst Hauptfisch einiger Kärntner Seen. Die Bestände wurden aufgrund der großen Nachfrage aber immer geringer. Vier Fischzuchtbetriebe haben es vor einigen Jahren geschafft, diese in früheren Zeiten typisch heimische Fischart wieder zu züchten und als Fixpunkt in der Kärntner Gastronomie zu verankern. Die ARGE Oberkärntner Fisch, die mit ihren Mitgliedern in Feld am See, Sirnitz und im Maltatal in 40 Naturteichen artgerecht Speise- und Besatzfische in bester Qualität züchtet, präsentiert beim Fischfest Mitte August in Feld am See leckere Fischgerichte in bester Qualität.

Gerichte, „Gaude" und Geselligkeit

Nicht nur der Rhythmus der Jahreszeiten, sondern vor allem die kirchlichen Traditionen und Feste haben die Kärntner Küche beeinflusst. Kulinarische Genüsse in Kärnten sind eng verbunden mit geselligem Beisammensein. So findet sich im Jahreslauf eine Vielzahl von Anlässen, um Spezialitäten zu probieren.

Reinling – Protagonist der Osterjause

Der mit Rosinen und Zimt prall gefüllte Reinling, in den zweisprachigen Gebieten Südkärntens auch „Pohaca" genannt, jenes süße Hefegebäck, das mit Vorliebe zur Kärntner Osterjause gereicht wird, zählt zu den bekanntesten kulinarischen Aushängeschildern des Landes.

Der Reinling wird aus einem mit Ei verfeinerten Germteig hergestellt. Weitere Zutaten sind Zucker oder Honig, Rosinen und Zimt. Es gibt auch Varianten mit Vanillezucker, Rum, Nüssen, Anis, gehackten Feigen oder Äpfeln. Die Rezepte zur Herstellung des Reinling werden von Generation zu Generation weitergegeben. Für den Germteig gibt es eine genaue Rezeptur. Die Füllung wird jedoch meist nach Gefühl zubereitet. Es gibt also keine genauen Mengenangaben. Der „Osterreinling" wird zumeist weniger süß gefüllt als ein Reinling, der als Mehlspeise etwa zum Kaffee gereicht wird. Noch heute bildet der Reinling zu Ostern neben Eiern, Selchfleisch und Würsten den Hauptbestandteil der zu weihenden Speisen, die entweder im geschmückten Korb zur Weihe in die Kirche gebracht oder, in hochgelegenen Gebieten, vom Priester im Bauernhaus selbst geweiht werden. Anschließend wird er traditionell gemeinsam mit Ostereiern, Osterschinken, Kren, Rindszungen und Hauswürsten serviert.

Dinkel-Gemüsestrudel mit Trüffelbasensauce

Kärntner Nudln – ein kulinarischer „Evergreen"

Es gibt noch ein kulinarisches „Kulturgut", das eigentlich ständig auf dem Kärntner Speiseplan steht: die „Kärntner Kasnudeln". In mittelalterlichen heimischen Urkunden, wie etwa in diversen Stiftungsbriefen, ist bereits von diesen traditionellen „Käskrapfen" die Rede. Kärntner Kasnudeln sind aus Nudelteig hergestellte Teigtaschen, die in Handarbeit gefertigt und mit „Bröseltopfen" und Kartoffelmasse, gewürzt mit Minze oder Kerbel, gefüllt werden. Beim Verschließen der Teigtaschen wird ein typischer kunstvoller Rillenrand hergestellt, der als charakteristisches Merkmal der Kärntner Nudel im Allgemeinen gilt. Ein altes Sprichwort besagt, dass Kärntner Frauen erst dann heiratsfähig sind, wenn sie diese hohe Kunst des „Krendelns", also das perfekt gelungene Verschließen der Nudeln, beherrschen.

Miralago Topfen-Salbei-Tascherl

Die Kärntner Käsnudeln werden traditionell mit zerlassener Butter, Speckwürfeln, Grammelschmalz (Griebenschmalz) oder mit in Butter gerösteten Bröseln angerichtet.

Im bäuerlichen Speiseplan waren für jeden Wochentag bestimmte Gerichte vorgesehen, die das ganze Jahr über gleich blieben. So gab es Knödel-, Nudel-, Nockerl-, Strudel- und Fleischtage. Kärntner Nudeln in der fleischlosen Variante kamen vor allem am Freitag, dem in der katholischen Tradition fleischlosen Wochentag, auf den Tisch. Kärntner Nudeln werden nach ihrer Fülle benannt. So kennt man neben den berühmten Kärntner Kasnudeln eine Vielzahl weiterer Nudelarten, wie Specknudeln, Hadnnudeln oder Kletzennudeln, die mit Kletzen (Birnen) gefüllt sind. 2002 wurde der Oberdrauburger Kärntnernudelfestverein gegründet. Seither findet alljährlich am ersten Wochenende im August im Ortskern von Oberdrauburg das Kärntnernudelfest statt.

Vom Holzknechtgericht zur Haubenspeise

Viele Gerichte haben ihre eigene Geschichte, und vor allem die Wirte Kärntens haben einen mit ihrer Heimat fest verwurzelten persönlichen Bezug zu ihren Speisen. Als etwa Haubenkoch Werner Fischer im Alter von 13 Jahren loszog, um seinem Vater bei der Arbeit im Wald zu assistieren, konnte er freilich nicht ahnen, dass viele Jahre später die bescheidene Jause, die ihm sein Vater zur Stärkung bereitete, zu einem heiß begehrten Klassiker in seinem „Fischerhaus" in Moosburg überm Wörthersee werden würde. Auf einer Waldlichtung schürte seinerzeit sein Vater ein kleines Feuerchen, würfelte die frischen Steinpilze und das mitgebrachte Bauernbrot und warf alles mit etwas Butterschmalz in eine schlichte Eisenpfan-

Steinpilzpfandl im Fischerhaus

Kochen ist eine Kunst, die hier zur Vollendung gebracht wird.

ne. Heute wird dieses „Steinpilzpfandl" in seinem Gourmettempel mit klassischem Beef Tartare serviert.

Grenzenloser Genuss

Nicht selten trifft Kärntner alpenländische Bodenständigkeit auf das Temperament des Mittelmeers. Vom rustikalen Landgasthof bis zum Haubenlokal verschmelzen deren Köche die aromatischen Einflüsse Italiens und Sloweniens mit ihren Speisen. Als Vorreiterin dieser Küche gilt die Gailtalerin Sissy Sonnleitner mit Ihrem Restaurant „Kellerwand" in Kötschach-Mauthen. Mit ihrer mehrfach ausgezeichneten Küche hat Sissy Sonnleitner das Landhaus Kellerwand weit über die Grenzen Kärntens hinaus bekannt gemacht. Mittlerweile offeriert sie in ihrer Genusswerkstatt Seminare und Kochkurse, die den Genuss zelebrieren.

Wer mit dieser Fusionsküche Alpen und Adria liebäugelt, dem empfiehlt sich auch ein Besuch in Bad St. Leonhard im Lavanttal im haubengekrönten Lokal „Zum Bären". Frische Produkte und Gewürze aus der Gegend treffen auf feinste Olivenöle und diverse Pastagerichte aus der mediterranen Nachbarschaft. Mit edlem Olivenöl verfeinert auch Arnold Pucher im Hotel Wulfenia am Nassfeld seine Kreationen, übrigens das höchstgelegene 3-Hauben-Lokal in Österreich.

Auch Landgasthäuser wie der Alt-Kärntner Gasthof Antonitsch bei Ferlach, das Kulturwirtshaus Bachler in Althofen oder das Gasthaus Liegl in St. Georgen am Längsee haben sich mit ihren Speisekarten dem Alpen-Adria-Gedanken verschrieben. Sie alle haben ihre Wurzeln in der traditionellen Küche, aber blicken über den Tellerrand in Richtung Süden und veredeln das Beste der Heimat mit kulinarischen Genüssen der Nachbarländer.

Schmausen in Gesellschaft

Der sonntägliche Genuss in Kärnten beginnt mit dem Bratenduft, der aus den meisten Wirtshäusern ins Freie dringt und allerseits Appetit verursacht. Da rückt man in der Wirtsstube im Kreise der Vertrauten gerne zusammen und heißt auch Fremde herzlich willkommen. Der Treff beim Sonntagsbraten eint Familie und Freunde. Hier werden an Stammtischen Geschichten erzählt, die einen unmittelbar in das Land eintauchen lassen und edle Schnäpse zum Verdauen gekippt. Bratenvariationen gibt es viele und kann man sich nicht entscheiden zwischen Kalbsbraten vom Nockberger Jungkalb, Braten vom Glocknerlamm, Schopfbraten vom Kärntner Mastschwein oder Kasbratl vom Schweinskarree mit Gailtaler Almkäse, so begibt man sich am besten nach Bad Kleinkirchheim in den Trattlerhof zum Trattlers-Sonntagsbraten, denn die bieten diese Köstlichkeiten gleich alle auf einmal.

Leckerbissen Lammbraten

Der Trattlerhof in Bad Kleinkirchheim empfiehlt folgendes Rezept für einen unwiderstehlichen Sonntagsschmaus:

Zutaten: 1,5 kg mageres Lammfleisch (Schulter), Salz, weißer Pfeffer, 2-3 Knoblauchzehen, 1 Bund Petersilie, 2 Tl Basilikum, 2 Tl Rosmarin, 250 ml klare Fleischbouillon

Semmelfüllung: 8 altbackene Semmeln, 2 Zwiebeln, Salz und Pfeffer, Muskatnuss, 200 gr Butter, 400 ml Milch, 4 Eier

Beilagen: 2 Tl Kristallzucker, 4 cl Balsamicoessig, 500 ml Rotwein, 400 g Schalotten, 800 g geschälte fest kochende Kartoffeln, Salz, Pfeffer, Rosmarin; 300 gr Strankerln (grüne Bohnen), 100 gr Bauchspeck

Sauce: Bratensatz, 250 ml Rotwein, 4 cl Weinbrand, Salz, Maisstärke

Zubereitung: Fleisch mit Salz und Pfeffer einreiben, Knoblauch und Petersilie fein hacken. Mit Basilikum, Rosmarin vermischen. Kräuter auf dem Lammfleisch verteilen. Die Füllung mit den Semmeln gleichmäßig auf 1/3 der Schulter verteilen. Fleisch aufrollen und mit Küchengarn zusammenbinden. Im Backofen bei 200 Grad 90 Minuten braten. Nach und nach die Suppe angießen. Inzwischen Schalotten und Kartoffeln schälen und vierteln. Kartoffeln nach 45 Minuten Bratzeit ums Fleisch geben und mit Rosmarin, Salz und Pfeffer würzen.

Sauce: Bratensatz etwas reduzieren und Farbe geben, mit Weinbrand und Rotwein ablöschen und reduzieren, mit Maisstärke abbinden.

Rotweinschalotten: Zucker karamellisieren, mit etwas Balsamicoessig ablöschen und mit Rotwein aufgießen, Schalotten beigeben und etwa 10-15 Minuten köcheln lassen. Aus dem Sud nehmen ... fertig.

Gasthof mit Geschichte

Abgesehen von seiner Bratenkultur ist der Trattlerhof eines der ältesten Gasthäuser in Kärnten. Der Trattlerwirt wurde erstmals urkundlich im Jahr 1642 erwähnt. Das Gebäude dürfte aber noch älter sein. Es war über mehrere Jahrhunderte willkommene Einkehr für Reisende, Pilger, Soldaten und Bauern. Unter Ihnen war auch Paul Zopf, der Initiator des Bauernaufstandes von Millstatt 1737. So wurde der Trattlerhof in Untertschern zum Mittelpunkt einer der größten Kriminalfälle. Die Bauern überfielen damals das Jesuitenkloster in Millstatt. Sie wollten die sie drückenden Abgaben nicht mehr akzeptieren, obwohl sie sich im Rahmen der damaligen Gesetze bewegten. Ermutigt wurden sie von Paul Zopf, einem Anwalt aus Wien.

Der Trattlerhof – ein Gasthof mit bewegter Geschichte

Mutters Gemüsesuppe

Früher wurde gegessen, was die Jahreszeiten oder der Garten hergaben. Da musste man nicht in den Supermarkt fahren, sondern sah in der Vorratskammer nach, was da war. Am liebsten mochte ich die Gemüsesuppe meiner Mutter. Sie schmeckte immer anders, je nachdem, was drin war. Basis war immer eine kräftige Brühe und dazu kamen Kartoffeln, Karotten, Lauchzwiebeln oder Kohl, eben was aufgrund der Jahreszeit an frischem Gemüse vorrätig war.

Mit einer gefälschten kaiserlichen Urkunde versuchte er den Überfall der rund 300 Bauern aus der Region zu rechtfertigen und sich selbst zu bereichern. Der Aufstand wurde jedoch niedergeschlagen Das darauf folgende aufwändige Gerichtsverfahren mit mehr als 300 Zeugen endete mit drei Todesurteilen sowie 23 Landesverweisungen und drakonischen Strafen für die Aufständischen. Eine entscheidende Rolle bei der Aufklärung des Falls wird dem damaligen Trattlerwirt zugeschrieben. Paul Zopf war mit 3.000 geraubten Gulden nach dem Überfall auf das Kloster Millstatt geflüchtet und kehrte im Trattlerhof ein. Er wollte sich angeblich mit einem Glas Wein für die Reise stärken. Der Hinweis von Kaspar Greyer, dem damalige Besitzer des Gasthofes, führte zur Verhaftung von Zopf durch die Bürgergarde.

„In der beinahe 500-jährigen Geschichte unseres Hauses gehören diese Ereignisse zu den Besonderheiten, die mit uns in Verbindung gebracht werden. In unserer Zopf-Stube hängen heute zwei Bilder, die an diese Geschehnisse erinnern", verrät Hotelier Jakob Forstnig Junior.

Im Laufe der Zeit wurde der Trattlerhof immer wieder verändert und erweitert bis hin zu dem heutigen komfortablen Vier-Sterne Hotel.

Schlemmen mit Aussicht

Unzählige Spitzenköche hat Kärnten in den letzten Jahren hervorgebracht. Es gibt Plätze, deren Symbiose zwischen Gaumenfreuden und Umgebung stimmiger und schöner nicht sein könnte – ein Stück Paradies auf dem Teller! Die sonnigen Plätzchen auf der Terrasse des Landgasthofes Plöschenberg sind vom Frühjahr bis zum Spätherbst besonders gern besucht. Man setzt sich zu den übrigen Gästen und niemand nimmt es einem übel. Denn der grandiose Blick bis weit hinein ins Rosental harmoniert perfekt mit der Brettljause aus eigener Landwirtschaft. Auch die Speisekarte ist auf „Kärntnerisch".

Die Familie Niemetz, unter anderem auch Mitglied der Kärntner Spargelwirte, bietet Traditionelles und Kreatives wie etwa das Wok am Berg, alles aus eigenem Gemüse- und Kräutergarten.

Der Magdalensberg, Zentrum keltischer Ausgrabungen, gilt seit jeher als Hausberg der Klagenfurter. Die riesigen Terrassen des Gipfelhauses gewähren einen Blick über die gesamte Region. Die Kirche neben dem Gasthaus ist Ausgangspunkt für den Vierbergelauf und Ziel des Hemma-

„Man soll dem Leib etwas Gutes bieten, damit die Seele Lust hat, darin zu wohnen." (Winston Churchill)

Ein wunderschön renoviertes Bauerngehöft aus dem Jahr 1504 ist die Taverne Nepomuk in St. Margareten im Rosental.

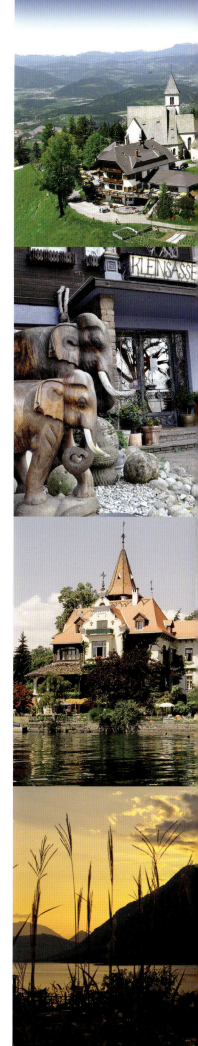

Das Gipfelhaus Magdalensberg ist einen Ausflug wert.

Pilgerweges. Die Familie Skorianz serviert vor allem Kärntner Kost und verwöhnt mit Apfelmost, gebrannten Edeldestillaten sowie Fleisch-, Speck- und Wurstwaren aus der eigenen Landwirtschaft.

Hoch über dem Drautal nahe der Stadt Spittal an der Drau liegt der 500 Jahre alte „Kleinsasserhof". Die Umgebung gewährt dem Besucher Einblick in bäuerliche Abgeschiedenheit. Doch nur auf den ersten Blick. Buddhaköpfe, Glaskugeln, Plastikkühe und so manche Kuriosität erwarten den Gast. Das Sammelsurium der Familie Gasser beschert ihrem Lokal seinen Ruf. Beim Kochen verlässt man sich jedoch hauptsächlich auf die Produkte vor Ort und verwendet Obst, Gemüse, Kräuter und Fleisch vom eigenen Hof. Küche auf Sterneniveau gepaart mit eigenwilligem Ambiente gewährt Einsicht in die kultige Lebensweise der Besitzer.

Der außergewöhnliche Kleinsasserhof

Ob gekocht, gedünstet, gebraten, gegrillt – die Fischspezialitäten überzeugen genauso wie der wunderbare Blick über den Ossiachersee. Gerhard Satran von der „Stiftsschmiede", nur wenige Meter vom eindrucksvollen Stift Ossiach entfernt, legt gerne persönlich Hand an, wenn es darum geht, das offene Feuer zu entzünden.

Die ehemalige alte, um 900 erbaute Stiftsschmiede wurde liebevoll umgebaut und gilt als einer der Traumplätze in der Urlaubsregion Villach-Faakersee-Ossiacher See.

Maximal zehn Meter vom Ufer entfernt ist die Terrasse der „Villa Verdin" mit unbeschreiblich schönem Blick auf den glasklaren Millstätter See. Die Architektur der ehemaligen Privatvilla und deren legendäre Soundtracks schaffen ein unwirkliches, aber entspanntes Ambiente. Thomas und Gianni setzen auf marktfrische Produkte aus der Region.

Die Villa Verdin – ein romantisches Hideaway

Das Konzept ist einfach: Wenige Speisen, diese aber umso herausragender. Da findet man besonders saftige gegrillte Reinanken im Ganzen, zartrosa und scharf gebratene Ochsenfiletscheiben oder vielleicht Pasta mit Seefischragout – ein kulinarisches Chill-out mit hausgemachtem Schokokuchen – das für Verliebte schöner nicht sein kann.

Essen mit mediterranem Flair, direkt am Wasser neben einem kleinen Motorboot- und Segelboothafen mit herrlichem Blick auf Kärntens mondänsten See sowie stark mediterran beeinflusste Küche bieten das Lakeside in Reifnitz, das Strandrestaurant im Hotel Linde in Maria Wörth und der maritime Bau des Sunset Club direkt am Wasser in der Ostbucht des Wörthersees.

Blick vom Restaurant Stiftsschmiede auf den See

Feinschmecker, die eine große Affinität zu Design haben, werden im perfekt gestylten Restaurant des Hotels Aenea am Südufer des Wörthersees zweifellos auf ihre Kosten kommen. Sie finden dort Haubenküche und wahrscheinlich den elegantesten Platz am See mit unwiderstehlichem Panoramablick auf den Sonnenuntergang.

Unterkärn

ten

75 | Kärnten

Die Stadt und die Region Villach

Villach, mit rund 60.000 Einwohnern die zweitgrößte Stadt in Kärnten, liegt zentral eingebettet in der Drei-Länder-Region Kärnten, Friaul und Slowenien. Mit spektakulären Events und kulturellen Highlights ist sie eine Erlebnisregion. Villach begeistert nicht nur mit dem Villacher Kirchtag und dem Villacher Fasching, sondern auch mit vielen Stadtfesten, Märkten, Straßenkunstfestivals und dem Carintischen Sommer.

Burgruine Finkenstein – ein kulturelles Highlight

Die Region Villach umschließt mehrere Seen, darunter den Ossiacher See, Faaker See, Silbersee, Vassacher See, Grünsee, Magdalensee und den St. Leonharder See. Ein Badetraum ist der Faaker See, dessen Landschaft sich auch für Lauf- und Nordic-Walking-Touren eignet. Wer hoch hinauf will, wird im Hochseilgarten am Tabor und im Klettergarten Kanzianiberg seine Höhenflüge erleben. Hoch über dem Faaker See mit einer prachtvollen Naturkulisse im Hintergrund liegt die Burgruine Finkenstein. Was 1980 im kleinen Rahmen begann, hat sich nach dem Auftritt internationaler Stars zu einer kulturellen Hochburg mit einzigartigem Landschaftspanorama entwickelt. Die Burgarena bietet von Juni bis September Konzerte und Veranstaltungen. Der Ausblick von der Burgruine Finkenstein ist paradiesisch.

Burgruine Landskron

Villacher Panorama

Die Burgruine Landskron im Nordosten von Villach stammt aus dem 16. Jh. und wurde auf den Grundmauern einer älteren Befestigungsanlage aus dem 14. Jh. erbaut. Heute befindet sich am Fuß der Ruine ein etwa 4 Hektar großes Affengehege. Einige Meter höher gilt es, die Gleitflüge der stolzen Adler in der Adlerarena zu bewundern. Und als besonderes Erlebnis offeriert sich das Burg-Dinner, wo erlesene Speisen nach mittelalterlichen Rezepten in originaler Burgtracht serviert werden.

Kloster Wernberg

Kloster Wernberg ist ein Kloster, das nur Insidern bekannt ist. Im Kloster leben 134 Missionsschwestern, das ist eine Sensation. Sie betreiben dort eine Landwirtschaft und ein Hotel und kümmern sich um Bedürftige. Es gibt auch einen Klosterladen – ein echter Geheimtipp! Die Klosterkirche ist die Kirche, die ich am häufigsten besuche. Ich gehe mit den Nonnen in die Vesper und bekomme dann oft noch von meiner Lieblingsnonne Helga ein Glaserl eingeschenkt. In Wernberg gibt es auch eine Ordensschwester, die als Missionsschwester in Afrika unterwegs war. Egal, ob ein Rat oder kurzfristige Unterkunft gebraucht wird – in Kloster Wernberg hat man immer ein offenes Ohr und steht Hilfe suchenden Frauen mit Rat und Tat zur Seite.

Ossiacher See

Der Ossiacher See, der drittgrößte See Kärntens, dem dank des mineralhaltigen Schlamms eine besondere Heilkraft nachgesagt wird, gilt nicht nur bei Fischern und Wassersportlern als beliebte Destination. Auch Kulturfreunde verweilen gerne an seinem Ufer. Findet doch hier alljährlich das Festival des Carinthischen Sommers statt.

Wer sich gerne unter die Einheimischen mischt, besucht im Sommer den malerischen Afritzer See auf 750 Meter Höhe oder den Silbersee mit seinen vier Beachvolleyball-Plätzen direkt am Ufer. In einem Landschaftsschutzgebiet im Villacher Stadtgebiet liegt der Vassacher See – ein wunderbares Plätzchen für Badegäste und ein Schlaraffenland für Petrijünger mit Fischerlizenz. Auch im St. Magdalener See leben zwölf Fischarten, darunter Hechte und Welse. Einheimische schätzen ihn als wahres Naturjuwel.

Schloss und Kloster Wernberg

Das Schloss und Kloster Wernberg thront auf einem Felsen östlich von Villach. Das Schloss ist ein dreigeschossiger Renaissancebau aus drei Trakten, sein Hof ist mit zweistöckigen Laubengängen umgeben. An den vier Ecken des Schlossbaus befindet sich je ein wuchtiger Turm, der über die Hauptfront hinausragt. An den Nordwestturm schließt sich nach Westen die Schlosschirche an. Georg Freiherr von Kevenhüller, damals Landeshauptmann von Kärnten, ließ zwischen 1570 und 1575 die alte Burg in ein stattliches Renaissanceschloss verwandeln, das ihm als Sommer-

Auf ein Glaserl mit Nonne Helga

Sommerstimmung am Ossiacher See

sitz dienen sollte. Mittlerweile vereint das Kloster Geschichte, Kultur und Einfachheit in sich, denn es ist seit 1935 die Heimat der internationalen Kongregation der Missionsschwestern vom Kostbaren Blut. Es dient ihnen heute als Kloster, Bildungshaus und Gästepension. Die Schwestern betreiben auch eine Landwirtschaft, deren hochwertige Produkte im Schloss zu erwerben sind.

Die Gerlitzen erhebt sich direkt vom Ufer des Ossiacher Sees aus. Mit der Panorama-Kanzelbahn in Annenheim gelangt man vom See auf die Bergkuppe in 1911 Meter Seehöhe. Aufgrund ihrer breiten und stets hervorragend präparierten Pisten ist die Gerlitzen ein ideales Familien-Schiparadies.

Langlauf am Villacher Hausberg Dobratsch

Der Kärntner Naturpark Dobratsch, eingebettet zwischen Faaker See und Ossiacher See, zeichnet sich durch seine ganz besondere Tier- und Pflanzenwelt aus. Greifvögel und Gämsen können hier aus nächster Nähe beobachtet werden. In den kalten Jahreszeiten ist er ein ideales Naherholungsgebiet mit „sanften" Wintersportmöglichkeiten. Das 15 Kilometer lange Loipennetz und die Wanderwege zum Gipfel locken Wintersportler an. Hier wird Bergsport ohne künstliche Aufstiegshilfen geboten, ohne Lärm, dafür im Einklang mit der Natur. Eine Vollmondwanderung mit Schneeschuhen am Dobratsch offenbart einen unvergesslichen Blick auf das Lichtermeer der Alpen-Adria-Stadt Villach.

Gerlitzen-Alpe-Kanzelbahn

Das Dreiländereck liegt exakt am Schnittpunkt von Österreich, Italien und Slowenien und ermöglicht somit ein grenzenloses Schierlebnis. Es bieten sich aber auch herrliche Wanderungen an. Ausgehend von der Seltschacher Alm führt der Weg vorbei an der Dreiländereckhütte entlang der italienischen und slowenischen Grenze mit wunderbarem Blick über die Nachbarregionen.

In der Wohlfühlregion Villach Warmbad sprudelt mineralhaltiges, warmes Wasser aus unergründlichen Tiefen zu Tage. Das Warmbad Villach gehört zu den besten Wellness-Oasen Österreichs und ist Teil eines medizinisch anerkannten Thermenkurorts. Im Sommer 2012 eröffnet hier Österreichs modernste Erlebniswelt, die neue Kärnten-Therme Warmbad-Villach.

Auch im Thermalhochtal Bad Bleiberg tritt statt Erz schon lange nur mehr heilendes Wasser aus dem Berg. Die Therme Bad Bleiberg bietet Erlebnis und Erholung, und das Therapiezentrum verspricht Wohlbefinden für Geist und Körper. Aber nicht nur das Wasser, sondern auch der Berg, aus dem es kommt, hat in Bad Bleiberg heilende Kraft. In den Heilklimastollen werden in einem einzigartig konstanten Mikroklima vor allem chronische Atemwegserkrankungen behandelt.

Greifvogelschau auf der Burgruine Landskron

Villach, meine Lieblingsstadt

Otto Retzer: Mein Kärnten

Mein Villach

Villach ist eine meiner Lieblingsstädte. Ich liebe vor allem den Fasching. Die Faschingssitzungen bringen im ORF immer die besten Einschaltquoten – besser sogar als „Wetten dass …?". Aus ihnen sind viele Unterhaltungsprofis hervorgegangen. Mein bester Freund Hans Kowalczyk zum Beispiel mit seinen „Drei Oldies". Mit ihrer Musik ohne Instrumente haben sie von Singapur über Hongkong, Las Vegas, Schweden und Norwegen alles bespielt, was es zu bespielen gab. Sie sind bei Festen von Gunter Sachs oder Friedrich Karl Flick oft die Überraschungsgäste gewesen und haben auch bei vielen anderen Prominenten immer wieder gespielt.

Von Villach geht es hinauf auf die Burgruine Landskron, einen der schönsten Ausflugsorte Kärntens. Es gibt dort noch eine Besonderheit: Die Greifvogelschau in der Adlerarena ist der Wahnsinn! Man glaubt gar nicht, was diese Vögel alles können. Auch im Film: Sie waren in „Tierärztin Christine" mit Uschi Glas eifrig im Einsatz.

Dobratsch und die Gerlitze sind die beiden Hausberge der Villacher. Wir haben damals auf dem Dobratsch „Zärtliche Chaoten" gedreht.

Ich war als Jugendlicher schon ein großer Fan von Pierre Brice. Auf dem Dobratsch habe ich ihn zum ersten Mal als Winnetou gesehen. Mir ist vor Ehrfurcht und Bewunderung eine Gänsehaut über den Kopf gelaufen, so tief hat mich das beeindruckt. Später habe ich noch viele Filme mit ihm gedreht und bin mit ihm durch dick und dünn gegangen. Der Dreh auf dem Dobratsch aber war einer der faszinierendsten und auch lustigsten.

Die Gerlitze ist ein attraktiver Schiberg mit schönen Hotels und sehr, sehr schönen Hütten, wo man wirklich noch – so wie sich das gehört – einen hausgemachten Käs' bekommt und gescheite Hauswürschtl. Im Sommer ist es dort wunderschön zum Spazierengehen und für die ganz Mutigen zum Drachenfliegen. Ich verbinde eine besondere Erinnerung mit ihr. Von der Gerlitze habe ich das erste Foto, das mich beim Film zeigt: 1970 beim Dreh zu „Wer zuletzt lacht, lacht am besten" mit Uschi Glas und Peter Weck.

Bad Bleiberg hat fantastische Thermen zu bieten und das spektakuläre Schaubergwerk Terra Mystica. Ich war begeistert, als ich es zum ersten Mal besuchte. Stunden habe ich darin zugebracht, obwohl ich es ganz eilig gehabt hätte. Man bekommt dort drinnen eindrucksvoll vermittelt, wie die Menschen früher unter einfachsten Bedingungen und schlimmsten Anstrengungen gearbeitet haben, das kann sich heute keiner mehr vorstellen. Mir ist schon auf der 68 Meter langen Rutsche und dann beim Einfahren in den Stollen mit der Grubenbahn angst und bange geworden.

Ich bin von Erich Gumpitsch zum Ritter geschlagen worden und habe Franz Schuttelkopfs Adler bewundert, die auch im Film mit Uschi Glas aufgetreten sind.

Pierre Brice, Uschi Glas, Roy Black – mit allen habe ich rund um Villach schon gedreht.

Auf dem mittleren Bild sieht man mich ins Schaubergwerk Terra Mystica rutschen, die 68 Meter lange Rutsche hat es in sich!

81 | Kärnten

Die Landeshauptstadt Klagenfurt

Die Lindwurmstadt

Die Stadt Klagenfurt mit ihren 94.000 Einwohnern liegt zwischen den Bergen der Karawanken und dem Wörthersee und erstreckt sich auf etwa 450 Meter Höhe im Klagenfurter Becken.

Der Name Klagenfurt ist als „Furt der Klagen" zu deuten, denn der Sage nach hauste ein Drache nahe der Glan, wo einst ein kleiner Markt als Stützpunkt an den wichtigsten Handelsstraßen errichtet wurde. Viele Menschen verschwanden in den Sümpfen nahe dieser Furt, bis schließlich tapfere Männer den Drachen überlisteten und töteten.
In Wahrheit wurde Klagenfurt zunächst von Herzog Hermann von Spanheim als Furtsiedlung an der Glan zwischen 1192 und 1199 gegründet. Etwa 100 Jahre später wurde der Markt durch Bernhard von Spanheim in die Gegend des heutigen Alten Platzes verlegt, damit dieser vor den ständig wiederkehrenden Glanüberschwemmungen sicher war.
Der Alte Platz ist somit das historische Herz von Klagenfurt und pulsierendes Zentrum der Stadt. Seit Jahrhunderten bietet er innerstädtisches Leben pur. Heute kauft man hier ein, bummelt, und frönt zwischen alten Fassaden und in Innenhöfen in den vielen Cafes dem südlichen Lifestyle.
1583 beschloss man, dem Sagentier ein Denkmal zu errichten. Der Lindwurm wurde aus einem einzigen Block Chlorit-Schiefer vom „Kreuzbergl", dem Hausberg der Klagenfurter, gehauen. Angeblich soll 1593 das 124 Zentner schwere Standbild von 300 weiß gekleideten Jünglingen auf den Neuen Platz gezogen worden sein.
Der „Neue Platz" ist das eigentliche Zentrum von Klagenfurt. Er wurde 2008 nach den Plänen des renommierten Architekten Boris Podrecca neu gestaltet und ist zu einem modernen „Stadt-Platz" geworden. Auf ihm thront vor dem Rathaus der Lindwurm, das Wahrzeichen und Wappentier der Stadt.
Der Kogelnik-Brunnen ist mit seinen 4,30 Meter Höhe ein weiteres sehenswertes Brunnen-Monument. Die obere Brunnenschale sowie die Säulen sind aus Marmor, die Masken aus grün patinierter Bronze. Die Künstlerin wollte der Landeshauptstadt ein heiteres Denkmal geben und meinte: „Als Gegenpol zur dro-

...und der Wörthersee

Zwei Nasen tanken Super

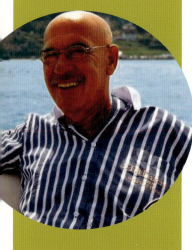

Jeder Film, der in Kärnten gedreht wird, entsteht zumindest zu einem Teil auch in Klagenfurt.
So war es auch mit dem Film „Zwei Nasen tanken Super" mit Thomas Gottschalk und Mike Krüger. Die schönsten Fotos und Szenenbilder habe ich hier auf der rechten Seite versammelt, sie erinnern mich an viele schöne und lustige Drehtage in der Region.

henden Gestik des Lindwurms habe ich an einen fröhlichen, leichten, vielleicht etwas weiblichen Brunnen gedacht." Der 91,7 m hohe Turm der Stadtpfarrkirche St. Egyd am Pfarrplatz bietet mit seiner Aussichtsplattform in 50 Meter Höhe einen wunderbaren Panoramarundblick auf die Altstadt, den Wörthersee, die Karawanken und die Koralpe. Es lohnt, die 225 Stufen zu erklimmen.

Klagenfurt ist nicht nur ein kulturelles Zentrum mit unzähligen historischen Bauten, Schlössern, Museen und Galerien, sondern verfügt durch die vielen Park- und Grünanlagen über einen besonders hohen Freizeitwert, denn nahezu alle Sportarten können hier in nächster Umgebung der Stadt betrieben werden.

Wer hier lebt, der schätzt die Lebensqualität, denn man muss nicht weit fahren, um die Natur zu genießen. Der Europapark ist mit 22 Hektar nicht nur der größte Park in Klagenfurt, sondern auch einer der größten Parkanlagen Österreichs und beliebter Erholungsraum für die Klagenfurter und ihre Gäste. Auf den großen Wiesen treffen sich Hobby-Fußballer, Baseballer und Radfahrer. Beachvolleyball-Platz und Skaterpark sowie Spielplätze ziehen die Jugendlichen an, während die Freiluft-Schachanlage und die Kartlertische der älteren Generation im Sommer unter schattigen Bäumen entspannte Nachmittage garantieren. Der Europapark grenzt an die Ostbucht des Wörthersees und zeugt mit der außergewöhnlichen Gestaltung des Parks von der hohen Gartenbaukunst in der südlichsten Landeshauptstadt Österreichs. In den warmen Monaten verlagert sich das Zentrum der Stadt ohnehin Richtung See, sonnenhungrig strömen die Bewohner an die Ufer des für viele wohl schönsten Sees in Mitteleuropa.

Für Zweiradfans bietet Klagenfurt ein 120 Kilometer bestens gepflegtes und sicheres Radroutennetz.

Entlang dem Lendkanal, einem idyllischen Wasserweg von der Altstadt zum See, erreicht man vom Zentrum der Stadt mit dem Fahrrad mühelos in 15 Minuten die Ostbucht des Wörthersees. Klagenfurt am Wörthersee bietet zudem noch eine der schönsten Halbmarathon-Strecken Österreichs, immer am Wasser entlang.

Dem Wörtherseemandl setzte der Klagenfurter Künstler und Bildhauer Heinz Goll 1962 mit diesem Bronzeplastik-Brunnen ein besonderes Denkmal. Der Sage nach war das kleine Männlein so wütend über die lärmende, sündige Stadt, dass es sein Fässchen öffnete und mit einem endlosen Wasserstrahl die Stadt überflutete. Daraus soll der Wörthersee entstanden sein.

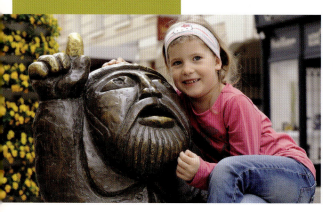

„Zwei Nasen tanken Super" – Szenenbilder
Ein Elefant hat einen Diamanten verschluckt, Thomas Gottschalk und Mike Krüger passen auf, dass er nicht verloren geht
Auf großer Motorradtour ...
Ich als Schwerverletzter im Landeskrankenhaus Klagenfurt
Karl Spiehs, Produzent aller 70 Filme, die ich gedreht habe, spielt einen Gangsterboss

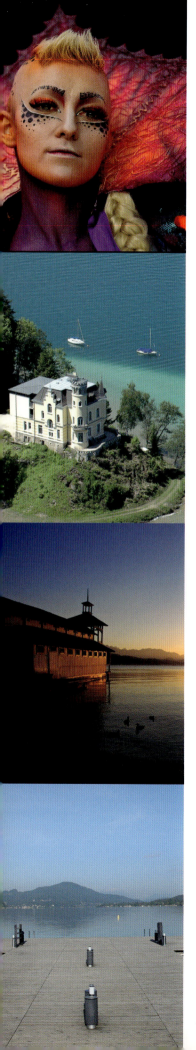

Der Wörthersee

Er ist eingebettet zwischen sanften grünen Hügeln und im Süden umzäunt vom schroffen Kalkgestein der Karawanken. Mit einer Fläche von 19,4 Quadratkilometern und einer Länge von 16,5 Kilometern ist er der größte See Kärntens. Er ist einer der wärmsten Alpenseen Europas, doch das Außergewöhnliche an diesem See ist zweifellos das mediterrane Licht.

An der Riviera Österreichs sind die Sonnenauf- und -untergänge einfach anders, wenn sich der Himmel färbt über den kleinen Jachthäfen am See und im Hintergrund die Bergspitzen aufblitzen.

Die große Anziehungskraft des Wörthersees liegt auch in seiner Vielfalt begründet. Bereits in den 60er- und 70er-Jahren war der See eine beliebte Filmkulisse. In den letzten 50 Jahren sind über 100 Filme an seinen Ufern entstanden, und der See hat als Schauplatz zahlreicher Filmaufnahmen weiterhin Hochsaison. Jeder Ort hier hat seinen eigenen Charme und sein eigenes Publikum: die Oase Krumpendorf mit ihrem Familienparkbad, Pörtschach als Mittelpunkt des bunten Bodypainting-Festivals oder Velden als Zentrum des mondänen Lebens mit dem Spielcasino und dem „Schloss am Wörthersee" als Drehort für die berühmte gleichnamige Fernsehserie. Hochzeitsglocken erklingen auf der romantischen Halbinsel Maria Wörth besonders schön, und den Trubel unter der Kärntner Sonne sucht man im Klagenfurter Strandbad, wo sich an heißen Ferientagen bis zu 15.000 Badehungrige tummeln. Flirten, Chillen oder Beachvolleyballspielen – hier ist alles möglich.

Mit dem Motorboot sind die schönsten Plätze am See am einfachsten zu erreichen, um einzutauchen in das einzigartige südliche Flair dieses Sees. So lohnt es sich, für ein Wochenende ein Motorboot oder eines der schönen und schnellen Elektroboote zu mieten: In Reifnitz am Südufer gleitet das Boot über das smaragdgrünen Wasser, zuvor stärkt man sich mit Köstlichkeiten im „Lakeside", einer der angesagtesten Strandbars mit eigenem Yachthafen. Auf der Fahrt Richtung Velden lohnt die erste Einkehr in die Strandbar des Hotels Linde in Maria Wörth. Köstliche Pasta und Fischgerichte können direkt am Anlegesteg verzehrt werden. Vorbei an wunderschönen Villen ankert man danach vor der kleinen, aber feinen Beach Bar Rosé, in Auen, ein legeres Plätzchen am Holzsteg mit privater Atmosphäre und besonderen Leckerbissen. Als nächste Haltestelle empfiehlt sich

Beim World-Bodypainting-Festival in Pörtschach sind der Fantasie keine Grenzen gesetzt.

Schloss Reifnitz

Badehaus am Wörthersee

Strandbad Klagenfurt

der Sole Beach Club in Velden vorm Parkhotel. Leichte Küche mit asiatischem Touch, aber auch die wahrscheinlich besten Käsnudeln am Beach serviert man hier. Kuschelkörbe im Beach Club laden zusätzlich zum Verweilen ein.

Ein Abstecher auf die elegante großzügige Terrasse des „Seespitz" im Schlosshotel Velden direkt am Wasser ist für Velden-Besucher einfach Pflicht, ebenso wie der Beach Club des Hotel Seefels in Pörtschach. In der Bucht von Pörtschach pausiert man im Jilly Beach, und eventuell schaut man auch im Leon Beach auf einen Aperitif vorbei. Den Tagesausflug mit dem Boot beendet man stilgerecht im Sunset Club in der Klagenfurter Ostbucht auf einer 400 Quadratmeter großen Terrasse direkt am Wasser und genießt Paolos sizilianische Häppchen, während sich die Sonne senkt und der Himmel verfärbt. Der schönste Platz, den nächsten Tag am Wörthersee zu begrüßen, ist der Garten des verträumten „Seeschlößl" in Velden. Was die Familie Bulfon hier zum Frühstück bzw. Brunch kredenzt, ist einfach unbeschreiblich.

Die Kirche Maria Wörth liegt wie ein Juwel im Wörthersee.

Otto Retzer: Mein Kärnten

Mein Weg zum Film

Josip und Malec

Am Wörthersee ist es für mich besonders schön. Hier habe ich Menschen kennengelernt, die für mich bedeutsam waren. Hier bin ich zum Film gekommen und habe im Lauf meines Lebens über 50 Filme gedreht, viele zusammen mit den Idolen meiner Jugend.

Ich werde nie vergessen, wie ich einmal im Schlosshotel in Velden saß, Uschi Glas, Helmut Fischer, Pierre Brice, schon als Winnetou mein Held, um mich herum, Telly Savalas und Ernest Borgnine, der damals als einer von wenigen vier Oscars hatte. Ich saß in meinem Regiesessel, habe gerufen: „Action", und all die Stars meiner Jugend haben sich auf mein Kommando hin in Bewegung gesetzt. Das war einfach unglaublich und kam mir lange Zeit auch unwirklich vor!

Manchmal dachte ich: Wann erwache ich wohl aus diesem wunderbaren Traum?

Josip und Malec machen mal wieder eine Pause

Ich bin kein Schauspieler, eher so etwas wie ein Gesichtsvermieter. Aber für die Rollen der beiden jugoslawischen Angestellten hat sich am Klagenfurter Stadttheater außer Adi Peichl niemand gefunden. Also habe ich Josip selbst gespielt. Zuerst sollten es nur ein paar Gags sein mit den beiden, aber dann hat sich schon am Set alles kaputtgelacht über uns. So haben wir immer mehr Text in diese Rollen hineingeschrieben. Angefangen hat alles mit Malecs „Ich nix rauchen, ich arbeiten", auf das ich nicht anders konnte als erwidern: „... und ich immer bin fleißig."

Pierre Brice, Uschi Glas & Telly Savalas am Wörthersee

89 | Kärnten

Pörtschach – Traumort am Traumsee

Pörtschach am Wörthersee war ganz oft Drehort. Vor allem Karl Spiehs und seine Firma Lisa Film haben sich als Filmkulisse diese Umgebung ausgesucht. Viele Filme entstanden hier, die ersten waren 1948 „Der Herr Kanzleirat" und 1952 „Du bist die Rose vom Wörthersee" mit Hans Moser, Marte Harell und Curd Jürgens. Ich selbst ging nach meiner der Lehre im Klagenfurter Café Lerch mit 17 als Kellner ins Hotel Werzer in Pörtschach. Dort gab es die bei allen Kellnern beliebte Position des Fahrrad fahrenden Kellners. Beliebt, weil es Trinkgeld dabei zu verdienen gab. In diese Position habe ich mich hochgearbeitet. Das Hotel Werzer bestand aus 17 verschiedenen Häusern, in denen ich das Frühstück servierte. Bei Wind und Wetter war ich mit Frühstückstabletts auf dem Fahrrad unterwegs. Ich habe viele berühmte Familien bedient, mit denen ich bis heute befreundet bin, zum Beispiel die Familie Dahlke oder die Familie der ehemaligen Präsidentin des Zentralrats der Juden in Deutschland, Charlotte Knobloch. Ihr Mann hat einmal etwas zu mir gesagt, das mir immer in Erinnerung bleiben wird: „Ich mag dich so gern, weil du so geniglich bist", hat er gesagt. Ich wusste aber ganz genau, was ich wollte.

Meine Zeit als Wasserschi-Kellner

Die Gäste des Hotel Werzer nahmen ihre Mahlzeiten im Strandcasino ein. Dabei konnten sie den Wasserschispringern zusehen, wie sie über die Schanze flogen. Mich haben diese Sportler so fasziniert, dass ich das Springen unbedingt auch lernen wollte. Also bin ich zum Besitzer der Wasserschischule gegangen – zum Direktor Aicher – und habe ihn dazu überredet, es mir beizubringen. Ich wurde zum Wasserschi springenden Kellner, dabei konnte ich damals noch nicht einmal schwimmen! Jahrelang bin ich später für Shows am See, bei Flaggenparaden, als Clown und dann für alle möglichen Fernsehproduktionen in Kellneruniform und mit einem Tablett voller Gläser in der Hand Wasserschi gefahren. Das ist eines meiner Markenzeichen geworden.
Als Wasserschispringer war ich gegenüber anderen Angestellten des Hauses Werzer privilegiert. Anna Werzer, die Grande Dame des Wörthersees, die wirklich jeder kannte, der jemals dort gewesen war, achtete streng darauf, dass sich ihre Angestellten nicht unter die Gäste mischten. Mir als Einzigem war es erlaubt, abends nach der Show noch mit den Wasserschispringern auf der Terrasse zu sitzen und etwas zu trinken.

Dem Direktor Aicher von der Wasserschischule habe ich nicht nur zu verdanken, dass ich das Wasserschispringen lernen konnte. Ihm gehörte das Pörtschacher Kino, das ich später zusammen mit Karl Spiehs von ihm erworben habe. Aus diesem Kino ist meine berühmte Bar, das Confettis, geworden.

91 | Kärnten

Mittagessen um 5 Schilling

Es gab auch Zeiten, in denen es mir nicht ganz so gut ging in Kärnten. Ich war Disc Jockey in Krumpendorf. Voller Ideen und mit leeren Taschen. Zu der Zeit hat mir die Familie Semmelrock Werzer im Hotel Österreichischer Hof jeden Tag ein Menü für 5 Schilling gegeben – das war auch 1965 wenig. Heute würde ich sicher auch noch im Hotel Werzer bei der Frau Dir. Schaller „a warme Supp'n" kriegen. Und die Besitzer Dr. Seeber und Dir. Frömmel wären sicher einverstanden.

Die Villa Miralago

In der Villa Miralago in Pörtschach sind – vom Schlosshotel in Velden einmal abgesehen – wohl die meisten unserer Filme gedreht worden. Am lustigsten waren die Drehs zum Kultfilm „Die blaue Kanone", dem verrücktesten Film aller Zeiten, in dem alle großen Schauspieler versammelt waren: Ottfried Fischer, Wolfgang Fiereck, Harald Juhnke und Fritz Wepper ... Wir hatten so viel Spaß, dass wir kaum zum Drehen kamen.

In der Villa Miralago haben wir auch „Hochwürden erbt das Paradies" mit Dagmar Koller und Hans Clarin gedreht, das war der erste Film mit Hansi Hinterseer, sozusagen der Beginn seiner steilen Karriere.

Im Hotel Miralago lag das Zentrum der „Hochwürdenserie", die Villa Miralago war nämlich im Film das Bordell, in dem sich so manche Szene abgespielt hat.

Die Villa Miralago ist eines der allerletzten Juwelen am Wörthersee, eines der schönsten Häuser dort überhaupt, an dem der Zahn der Zeit schon etwas genagt hat. Vor ein paar Jahren wollte ich mit einem berühmten Münchner Oktoberfestwirt, Sepp Krätz, das Miralago pachten und daraus ein Boutique-Hotel für Freunde machen, einfach nur so, um dieses Juwel zu erhalten.

Viel Geld kann man ja mit so etwas heute wirklich nicht verdienen. Wir haben den großen Aufwand am Ende dann doch gescheut, so ein Haus erhalten, das kann man einfach nicht nebenbei. Und ich bin ja auch kein Hotelier. Und jetzt ist das Miralago doch ein wunderbares Hotel geworden, auch ganz ohne uns!

In der Villa Miralago habe ich viele Filme gedreht. So mit Dagmar Koller, Hans Clarin, Wolfgang Fiereck und Hansi Hinterseer.

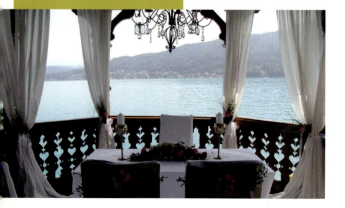

Kärntner Sport

Die schönsten Fairways

Allein rund um den Wörthersee liegen vier herrliche Golfanlagen in die Landschaft eingebettet. Der Leading Golf Course Klagenfurt Seltenheim zählt zu den besten Plätzen Österreichs. Armin Assinger, Christian Kohlund und ich sind Ehrenmitglieder dieses Clubs. Der Leading Golf Course Velden-Köstenberg fordert mit seinen taktisch zu spielenden Bahnen auch Topspieler heraus. Die in einer Parklandschaft gelegene Golfanlage Moosburg Pörtschach besteht aus einem 18-Loch-Platz, einer 9-Loch-Anlage und einer Golfakademie. Der traditionsreiche, 1927 gegründete Golfclub Dellach hat einen herrlichem Ausblick auf den Wörthersee.

Malerisches Bergpanorama bieten die Anlage Alpen Adria Golf Schloss Finkenstein und die Golfanlage Kaiserburg Bad Kleinkirchheim, wo vor allem der ehemalige Abfahrts-Olympiasieger Franz Klammer den perfekten Schwung übt. Der Schiweltcup-Profi Rainer Schönfelder liebt hingegen die sanften welligen Fairways des Golfparks Klopeinersee-Südkärnten. Abschläge mit Seeblick garantiert die Golfanlage Millstätter See.

Im Galopp durch Kärnten

Träume hoch zu Ross verspricht Kärnten den Pferdenarren. 1.500 Kilometer Reitwege machen das Land zu einem wahren Reiterparadies. Wunderschöne Tagesritte im Reitwegenetz werden von den jeweiligen Höfen angeboten, ebenso wie alpines Reiten über Almen und Berglandschaften, von Almhütte zu Almhütte etwa in den Hohen Tauern.

Der Verein Reit Eldorado Kärnten hat insgesamt 70 Mitgliedsbetriebe und bietet wundervolle Reitausflüge.

Genuss-Biken rund um den Millstätter See.

Viele Spezialanbieter für Therapeutisches Reiten und Reitpädagogik zur Motivation und Entspannung in der Natur ermöglichen es, Kraft zu schöpfen. Einzigartige Urlaubstage mit dem eigenen Pferd sind durch zahlreiche Reiterhöfe im Land garantiert. 70 Mitgliedsbetriebe und 36 Mitgliedsgemeinden haben sich zum Verein Reit Eldorado Kärnten zusammengeschlossen.

Harleys am Faaker See

Unterhalb der Burgruine Finkenstein liegt malerisch der Faaker See. Er ist bekannt für das größte Harley-Davidson-Treffen Europas. Im September versammeln sich rund um den See an die 60.000 Biker. Eine ganze Woche hört man in dieser Gegend nur das Röhren ihrer Motoren. Die Harleys und ihre Fahrer gehören zu den beliebtesten Gästen der Kärntner. Überall um den Faaker See sind in der Motorrad-Woche Zelte aufgestellt, in denen getanzt und gerockt wird.

Pedalritter und heiße Öfen

Die Drau durchquert Kärnten von Westen nach Osten, und ganze 366 Kilometer zieht sich der Drauradweg R1 vom Ursprung der Drau im Südtiroler Toblach bis ins slowenische Marburg. 250 Kilometer davon führen quer durch Kärnten.

Setzt man eher auf schnittige Rennreifen, so beherzige man die Karte vom Kärntner Radprofi Paco Wrolich mit 18 Streckenvorschlägen für Rennradfahrer. Die Krönung dieser Etappen ist die Glockner-Tour mit einer Streckenlänge von 124 Kilometern und einem Höhenunterschied von 3.066 Metern.

Für Mountainbiker führt die interessanteste Tour wahrscheinlich vom Millstätter See in die Nockberge. Von Döbriach zunächst gemütlich nach Radenthein, aber danach bergauf nach Bad Kleinkirchheim entlang steiniger Forstwege bis zu den sanften Kuppen der Nockberge und anschließend über zehn Kilometer downhill durch das Langalmtal. Mountainbike-Abenteurer stürzen sich mit einer Stirnlampe in den finstern aufgelassenen Bergwerkstollen am Klopeinersee und genießen die abenteuerliche acht Kilometer lange Durchfahrt inklusive Stollen-Downhill.

Beeindruckend kurvenreiche Bergstraßen und verlockende Serpentinen entlang der Hochalmstraßen wecken auch die Leidenschaft der Biker. Drei besonders erlebnisreiche Touren des Motorradlands Kärnten führen direkt durch die Südseite der Alpen. Die Nationalpark-Tour mit 190 Kilometern durch die Nockberge lässt Bikerherzen höher schlagen. Die Dreiländer-Tour überrascht mit unzähligen Pässen und wilden Kurven und die Großglockner-Tour über den höchsten Berg Österreichs ist unvergesslich.

Tummelplätze für Pistenfreaks

Für das Pistenvergnügen sthen in Kärnten und Osttirol insgesamt 1.000 Kilometer Abfahrten zur Verfügung. Die Vielfalt der über 32 Schigebiete reicht von Hängen für blutige Anfänger bis zu Weltcupstrecken für Profis. Da wäre zunächst einmal die Direttissima-Piste auf dem Katschberg. Der Hang mit seiner enormen Steigung zählt wohl zu den anspruchvollsten Pisten Österreichs. Die 8,5 Kilometer lange Nordabfahrt am Goldeck ist auch eine der größten alpinen Herausforderungen. Freerider treiben sich am Mölltaler Gletscher herum oder im Freeride-Gelände am Goldeck. Die Freeride-Arena am Großglockner garantiert Abfahrten mit bis zu 1.500 Meter Höhenunterschied.

Alljährlich treffen sich Harley-Liebhaber am Faaker See, der den Rest des Jahres wieder in seinem Dornröschenschlaf versinkt.

Das Kärntner Land bietet Sportlern eine bunte Mischung aus Sommer- und Wintersport: anspruchsvolle Fairways, Familienspaß oder Extremsport ganz nach Lust und Laune.

Zu den großen Schigebieten in Kärnten zählen vor allem die Regionen Nassfeld-Hermagor und Bad Kleinkirchheim/St. Oswald. Das Besondere am Nassfeld sind vor allem die Lage an der Grenze zu Italien, die 110 Pistenkilometer, das Funsportcenter mit Snow Tube, Carving, Schifox, Snowbike und Snowskate sowie die längste Flutlichtpiste der Alpen. Bad Kleinkirchheim punktet mit einem heimeligen Dorfcharakter, 103 Kilometer Abfahrten, drei Rodelbahnen sowie zwei Thermen.
Der Mölltaler Gletscher, der Großglockner, die Gerlitzen und die Turracher Höhe bieten Abfahrten in allen Schwierigkeitsgraden. Winterurlaub mit Kleinkindern verbringt man am besten im Lieser- und Maltatal in den Windelwedelschulen. Dort werden die „Kleinen" ganz groß geschrieben.

Spiegeleis für Kufenflitzer

Die vielen kleinen und großen Badeseen werden zu Natureisflächen, sobald die Temperaturen sinken. Sie sind für die Eisläufer ein beliebter Treffpunkt, ob am kleinen Hörzendorfer See zwischen Klagenfurt und St. Veit, einem der ersten Seen, die in Kärnten zufrieren, oder auf den bis zu 2,5 Kilometer langen Bahnen des Längsees in der Nähe von St. Veit. Das Schlittschuh-Wunderland ist aber der Weissensee mit einer 6,5 Quadratkilometer großen, spiegelglatten Eisfläche.

Kinder toben ganz besonders gern in frischem Schnee – wie hier in der Region Katschberg.

Wird der Winter besonders frostig, herrscht am Wörthersee beinahe der Ausnahmezustand. Ungefähr alle zehn Jahre gefriert der große See, und die Einheimischen sausen dort, wo sie sonst mit dem Motorboot die Ufer entlangbrausen, flink auf ihren Kufen von Klagenfurt nach Velden und retour. Wobei es gilt, ständig in Bewegung bleiben, denn es muss kalt sein, um den 17 Kilometer langen See zu Eis erstarren zu lassen.

Events und Sportler

Es findet sich wohl kaum eine Sportart, die in Kärnten nicht betrieben wird. Daher ist es nicht verwunderlich, dass die besten Sportevents Österreichs hier stattfinden, wie etwa der Kärnten Ironman Austria, das Beach Volleyball Grand Slam Turnier in Klagenfurth oder aber der Halbmarathon Wörthersee.
Sportstars und Olympiasieger wie die Schilegende Franz Klammer, der Schispringer und Olympiasieger Thomas Morgenstern oder der Olympiaabfahrtsieger Fritz Strobl und Snowboardprofi Sigi Grabner fühlen sich hier zu Hause. Marco Schwarz konnte bei der ersten Jugendolympiade in Innsbruck gleich drei Goldmedaillen holen.

Seen-Golfen ist eine beliebte Sportart am Millstätter See.

Das Rosental

Zwischen Märchenwiesen und Karawanken

Im Süden Kärntens in unmittelbarer Nähe zur Stadt Klagenfurt vor der herrlichen Bergkulisse der Karawanken erstreckt sich zwischen Rosegg und St. Magareten das Rosental. Die Drau fließt durch das weite sanfte Tal wie ein blaues Band. Hier ist auch die seltene Carnica-Biene zu Hause, der die Region ihren köstlichen Honig verdankt.

Maltschacher See

Im Frühling beeindrucken die blühenden Narzissen auf den Almwiesen, im Sommer sind es die erfrischenden Wege entlang der rauschenden Bäche und Flüsse, im Herbst lockt das wunderbare, gewaltige Farbspiel der Natur, und im Winter verzaubert die unberührte Schneelandschaft.
„O du mei Ros'ntal, o du schöanas Tål! Schau, i håb di so gern. I könnt vor lauter Liab, i kånn jå nix dafür, völlig narrisch no wern", so lautet die Liebeserklärung der Kärntner an ihr Tal.
Einer der schönsten Abschnitte des Kärntner Grenzweges verläuft entlang der Karawanken. Die das Rosental beherrschende Gebirgskette ist schroff und lieblich zugleich. Mittelgebirgsetappen durch Wald und über Wiesen sowie Querungen unter steilen Felswänden wechseln sich ab. In den letzten Jahren wurden alte Klettersteige saniert und teilweise ganz neue Wege erschlossen. So bietet sich jetzt für alpine Klettertouren eine Mischung aus Steigen unterschiedlicher Länge und Schwierigkeit wie der Koschutnikturm, der Hochstuhl oder der Lärchenturm.

Die Tscheppaschlucht

Eine Wanderung durch die wildromantische Schlucht empfiehlt sich besonders an heißen Tagen. Über Steige, Leitern und Brücken inmitten tosender Wasser geht es hinauf zu einer imposanten Wendel

Blick auf die Karawanken

Uschi Glas am Filmset in der Nähe der Klagenfurter Hütte

treppe und spektakulären Hängebrücke bis zum Tschaukofall. Mehr als 500 Liter Wasser pro Sekunde stürzen über diesen berühmten Wasserfall in die Tiefe. Wagemutige können sich beim Canyoning in der Tscheppaschlucht springend oder schwimmend nach unten stürzen. Verlässt einen der Mut, kann man sich abseilen. Sanfter hingegen erweist sich der Waldseilpark Tscheppaschlucht mit seinen Hängebrücken, Seilen und Rollen. Er bietet Spaß und Spannung für die ganze Familie. Höhepunkt der Anlage ist zweifellos die 300 Meter lange Tschepparutsche mit Blick hinab in die 42 Meter tiefe Schlucht.

Das Meerauge

Um das türkis schimmernde Meerauge ranken sich Sagen und Geschichten

Das türkis schimmernden Meerauge liegt auf 1.052 Meter, ist durch einen gut gesicherten Steig erschlossen und vom Ende des Bodentales bequem zu erreichen. Das Meerauge ist in der letzten Eiszeit entstanden, über seine Tiefe wird immer noch gerne spekuliert, und Geschichten ranken sich um seine Wasser. Laut der Sage vom Meerauge soll es unterirdisch mit dem See von Bled und dem Veldeser See verbunden sein. Die intensive türkise Verfärbung des Wassers wird durch Algen hervorgerufen. Das Meerauge wird von einer unterirdischen Quelle mit Wasser gespeist und ist ein Naturereignis inmitten der Karawanken.

Die Märchenwiese

Im Bodental, einem entlegenen Hochtal in den Karawanken, liegt auf 1.157 Meter Höhe Kärntens schönste Bergwiese mit einer spektakulären Aussicht. Die fast ebene „Märchenwiese" geht nämlich nach einem steil ansteigenden Waldgürtel unmittelbar in die senkrechten Felswände der Karawanken über. Das Gebiet, das unter Naturschutz steht, ist Heimat für viele seltene Pflanzenarten. Dieses Naturschutzgebiet war übrigens auch Drehort für die „Ötzi"-Dokumentation. Von März 1998 bis Mai 1999 wurde hier im Auftrag von ORF, ZDF und Discovery Channel der Film über den Ötzi, den Mann im Eis, gedreht (Sendung Universum "Der Ötztalmann und seine Welt").
Im Winter ist das Bodental ein richtiges „Schneeloch" mit viel Sonnenschein und besonders für die ersten Gehversuche auf zwei

„Brettln" geeignet. Am Zauberteppich machen die Kleinsten ihre ersten Erfahrungen und Versuche am Babylift.

Die Klagenfurter Hütte

Im unteren Rosental, in der Gemeinde Feistritz, liegt das romantische Bärental. Von hier aus beginnt der Aufstieg zur Klagenfurter Hütte. Das Schutzhaus liegt auf 1.664 Meter auf der Matschacher Alm eingebettet in zerklüftete Bergwände. Der unglaubliche Blick auf die Felskulisse des Hochstuhl, der Klagenfurter Spitze und der Bielschitza lohnt den Aufstieg. Die Wanderrouten rund um die „Klagenfurter Hütte" sind sehr vielseitig und bieten auf jeden Fall atemberaubende Aussichten.

Schloss Rosegg

Das Schloss Rosegg wurde 1772 vom Fürsten Orsini-Rosenberg für seine italienische Geliebte, Madame Lucrezia, erbaut. Später wurde dort vom zweiten Besitzer, Peter Ritter von Bohr, ein Tierpark gegründet. An die 400 Tiere sind mittlerweile hier beherbergt Auf dem Rundweg, der fast ausschließlich durch den Wald führt, können die unterschiedlichsten Tierarten aus nächster Nähe beobachtet werden.

Die Klagenfurter Hütte in der Gemeinde Feistritz

Die Klagenfurter Hütte

Ein ganz besonderer Drehort im Gebirge ist für mich auf jeden Fall die Klagenfurter Hütte im Rosental. Dort haben wir für das „Schloss am Wörthersee" mit Uschi Glas die Rettung eines kleinen Jungen aus dem Fels gedreht, mit einem Hubschrauber, der fast nicht mehr weggekommen wäre, weil er nicht genug Power hatte. Das war für alle Beteiligten ganz schön aufregend.

Klopeiner See

Sommer und „Seen-sucht"

Der 1,8 Kilometer lange und rund 800 Meter breite Klopeiner See kommt im Sommer auf wohlige 28 Grad Celsius und macht die Region mit weiteren sechs Seen zu einer echten Sommerfrische.

Der Klopeiner See lädt türkisschimmernd zum Baden ein.

Wie auch der Klopeiner See zählt der Turnersee zu den wärmsten Badeseen Europas. Der idyllisch gelegene Badesee mit Trinkwasserqualität lockt im Sommer vor allem jene Gäste an, die Ruhe und Entspannung suchen.

Fischerparadiese in Südkärnten

Eingebettet in hügelige Wälder, inmitten des malerischen Jauntales ist der Klopeiner See von April bis Oktober auch für jeden Sportfischer ein Erlebnis. So brachte der 155 Zentimeter große Waller, der 2010 von einem Touristen gefangen wurde, stolze 25 Kilo auf die Waage. Spektakulär geht es auch bei der Karpfenfütterung am Holzsteg vorm Hotel Amerika Holzer zu, denn die Karpfen fressen einem dort förmlich aus der Hand.
Das Fischerparadies am Völkermarkter Drau-Stausee mit den Revieren Völkermarkt, Stürzenbecher und Rosenberg, zählt zu den fischreichsten Gewässern Kärntens. Die unterhöhlten, schilfbewachsenen Ufer des Kleinsees mit dem breiten Seerosengürtel und den darunterliegenden Löchern bieten Raubfischen wie Hecht und Schwarzbarsch perfekte Unterstände.

Der Turnersee gehört zu den wärmsten Badeseen Europas

Das Sonnenparadies Österreichs

Der kleine Ort Diex darf sich zu Recht als „Sonnenparadies" bezeichnen. Denn mit über 2.000 nachgewiesenen Sonnenstunden ist der Ort das sonnigste Bergdorf in Österreich. Auf 1.159 Metern Höhe gelegen, bietet sich hier dem Besucher ein einzigartiger Panoramablick. Diex liegt am Fuße der Saualpe und ist somit ein idealer Ausgangspunkt für zahlreiche Wanderungen auf über 100 Kilometer markierten Wanderwegen in garantiert nebelfreier Lage.

Der Wildensteiner Wasserfall

Der Wildensteiner Wasserfall unterhalb des Gipfels des Hochobir und unweit der Ortschaft Gallizien ist einer der höchsten frei fallenden Wasserfälle Europas. Der serpentinenartige Aufstieg zum Wasserfall erweist sich zunächst als einfach, doch je intensiver das Rauschen und die Kühle des Wasserfalls zu spüren sind, umso anstrengender wird es. Die Plattform über dem Wildensteiner Wasserfall gibt schließlich den wunderbaren Anblick frei, wie das Wasser senkrecht aus dem Felsen hervorbricht und 54 Meter hinabfällt. Seinen Namen verdankt der Wasserfall der oberhalb gelegenen Burgruine Wildenstein, welche beim Erdbeben von 1348 zerstört worden sein soll.

Unberührte Natur und Orte der Einkehr rund um den Klopeiner See.

Die Trögerner Klamm

In dieser wildromantischen Schluchtenlandschaft hat das Wasser tiefe Einschnitte im Fels hinterlassen und so ein eindrucksvolles Naturschauspiel geschaffen. Die Trögerner Klamm ist ein Wander- und Fischerparadies. Diese etwa 3,5 Kilometer lange Klamm kann man durchwandern oder mit dem Fahrrad erkunden. Zwischen schroffen Kalkfelsen rinnt der glasklare Trögerner Bach, wo sich im reinen Wasser die Forellen tummeln.
Zwischen dem Steingeröll sieht man im Bachbett herrlich bunte Konglomerate, die durch das Wildwasser wunderschön geschliffen werden. Die Klamm ist über Eisenkappel oder Ferlach zu erreichen.

Der Hemmaberg

Der Aussichtsberg mit Blick ins Jauntal und zur Saualpe ist Teil des Karawankenvorlandes und liegt am Südrand des Jauntales, westlich von Globasnitz. Der Hemmaberg ist seit eineinhalb Jahrtausenden Pilgerort für Menschen auf der Suche nach der Quelle und dem Sinn des Lebens. Hier wurde seit 1978 bei Grabungen eines der beeindruckendsten spätantiken Pilgerheiligtümer Mitteleuropas mit insgesamt fünf Kirchen des 5. bis 6. Jahrhunderts freigelegt. Eine Besiedlung des Berges ist seit der Jungsteinzeit anzunehmen, jedenfalls legten die Kelten hier eine Siedlung an und benannten sie nach ihrem verehrten Gott Jovenat Juenna. Das Jauntal verdankt seinen Namen ebenfalls der keltischen Gottheit Jovenat.

Trögerner Klamm und Hemmaberg sind nur zwei Highlights in der Region.

Der Griffner Schlossberg

Die im frühen 12. Jahrhundert erbaute Wehranlage auf dem 130 Meter hohen Kalkfelsen ist eine der markantesten Burgen Kärntens und Symbol der Herrschaft des Bistums Bamberg. Die romanisch-gotische Hochburg, von der nur geringe Reste erhalten geblieben sind, wurde im frühen 16. Jahrhundert mit einem System von Vorwerken und Schalentürmen versehen, welche die heutige Silhouette der Ruine bestimmen.

Der Griffner Schlossberg ist zugleich auch das Wahrzeichen der Gemeinde Griffen. Im monströsen Kalkfelsen des Berges verbirgt sich auch eine bunte Schauhöhle. Die Funde von Feuerstellen, Werkzeugteilen und ausgestorbenen Tieren wie Höhlenbär und Mammut sind die stummen Zeugen aus der Altsteinzeit.

Ob im Werner-Berg-Museum, beim Freyungsbrunnen von Kiki Kogelnik, am Bleiburger Wiesenmarkt, im Erlebnis-Freibad Bleiburg oder am Kunstradweg – überall ist die Liebe zur Kunst, zur Kultur und zum Sport in Bleiburg spürbar.

Der Freyungsbrunnen ist eines der späten Hauptwerke der Künstlerin Kiki Kogelnik und wurde aus Anlass des 600-jährigen Jubiläums des Bleiburger Wiesenmarktes 1994 geschaffen. Der Brunnen vor ihrem Elternhaus stellt das geflügelte Wappentier von Bleiburg dar.

Kiki Kogelnik hat es als Pop-Art-Künstlerin zu Weltruhm gebracht.

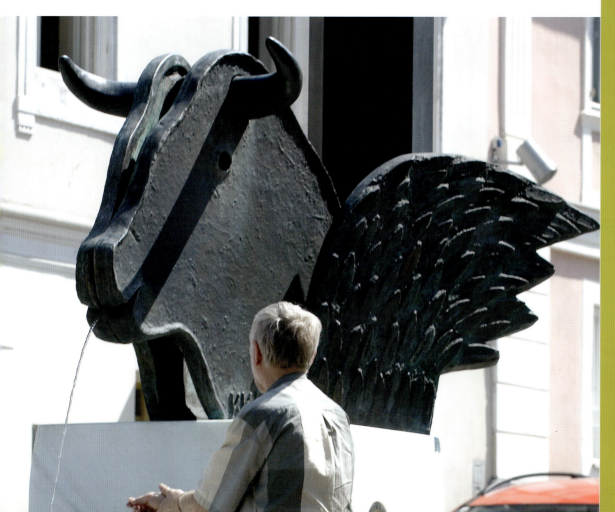

Bleiburg

Bleiburg hat eine der letzten Lebzeltereien und Wachsziehereien der Welt. Sobald man zur Tür hereinkommt, werden Kindheitserinnerungen in einem wach, so einmalig duftet es hier. Es gibt hier auch ein Kaffeehaus im Stil der 50er Jahre. Der Inhaber und seine Mutter scheinen beide direkt aus dem vergangenen Jahrhundert gefallen zu sein, ich dachte zuerst, sie wären Filmkomparsen. Für mich ist Bleiburg die heimliche Kulturhauptstadt Kärntens. Ich bin viel zu selten dort. Kiki Kogelnik ist in Bleiburg geboren, die berühmte österreichische Pop-Art-Künstlerin, die man heute zu Recht wegen Ihrer Kunst in der ganzen Welt verehrt.

Kärntens historische Mitte

Die Wiege des heutigen Kärnten

Zwischen der Saualpe im Osten und den Nockbergen im Nordwesten schlägt das historische Herz Kärntens. Die Norische Region und das Hemmaland sind Zeugen jahrtausendealter Kulturgeschichte.

Ab dem 3. Jahrhundert v. Chr. war das keltische Volk der Noriker die bestimmende Macht der Region. Die hochwertigen Eisenerzvorkommen, die in den Hochöfen des Görtschitztales zum norischen Eisen geschmolzen wurden, waren ein begehrter Rohstoff für die Herstellung der Waffen des römischen Heeres. Spuren davon fanden sich bei Grabungen in Hüttenberg und am Magdalensberg, eine der größten Ausgrabungen der Römerzeit im Ostalpenraum, wo 14 Schmiedplätze zur Waffenproduktion gefunden wurden. Der über drei Hektar große Archäologische Park zeugt von einer blühenden Siedlung mit einem Forum, Tavernen, einer Basilika, einem Badehaus und Wohnungen.

Viele historisch bedeutsame Kulturstätten im Metnitztal und Gurktal und rund um Friesach prägen das Land der heiligen Hemma. Sie wurde um 1000 als Kind reicher Grafen geboren, widmete sich nach dem Tod ihrer Familie sozialen Aufgaben und der Christianisierung Kärntens.

Die mächtigen, 60 Meter hohen Doppeltürme des Doms zu Gurk sind im Gurktal schon von Weitem zu sehen. Mit dem Gurktaler Dom, erbaut zwischen 1140 und 1200, entstand eines der bedeutendsten romanischen Baudenkmäler Europas.

Im Stift Gurk mit dem schönen Dom wachsen im Kräutergarten vierzig verschiedene Alpenkräuter. Sie werden im Kloster frisch zum berühmten Gurktaler Kräuterlikör verarbeitet. Er ist der einzige Kräuterschnaps der Welt, der nicht aus getrockneten Kräutern hergestellt wird, nach einem uralten Rezept. Der Gurktaler Alpenkräuter ist der beliebteste Kräuterschnaps in Österreich, und sogar in Russland trinkt man, wenn man Kräuterschnaps trinkt, am liebsten Gurktaler.

Die jährliche Kräuterweihe im Stift ist eine Sensation – und ich bin im Dom zu Gurk im Gurktal gefirmt worden!

Eine Reise ins mystische Kärnten

Das keltische Reich, die römische Provinz oder das Mittelalter – sie alle haben in dieser Region besondere „Orte der Kraft" überliefert. Menschen der früheren Epochen setzten großes Vertrauen und viel Hoffnung in die magischen Kräfte dieser Orte.

So soll der Überlieferung nach das Wasser aus der Steinmar-Gnadenquelle am Norischen Panoramaweg in der Gemeinde Eberstein bewirken, dass sich Angst und Hass in einem Menschen auflösen.

Die bekannteste der heiligen Quellen ist das Augenbründl von Maria im Moos in Kirchberg im Görtschitztal.

Eine besonders starke Kraftquelle bildet auch das Heilige Loch, eine alte Kulthöhle, die sich in der Nähe der Ebersteiner Kirche befindet.

Auch in Kirchberg gibt es „heilendes Wasser".

Das lebendige Mittelalter

Die Burg Hochosterwitz thront wie ein Adler auf seinem Horst.

Die Region Kärnten Mitte ist besonders reich an Zeugen des Mittelalters. So sind die vielen Burgen und Schlösser ein Zeichen des Wohlstands und der Wehrhaftigkeit, aber auch für die zersplitterten Herrschaftsverhältnisse der damaligen Zeit.

Die über tausend Jahre alte Burg Hochosterwitz bietet einen atemberaubenden Anblick, denn sie präsentiert sich im selben Zustand, wie sie im 16. Jahrhundert von Georg Freiherr von Kevenhüller ausgebaut wurde, um den drohenden Türkeneinfällen Widerstand leisten zu können. Sie thront wie ein Adler auf seinem Horst und blickt weit ins umgebende Land. Die mächtige Festungsanlage ist noch heute im Besitz der Familie Kevenhüller.

Friesach, die älteste Stadt Kärntens, zeigt sich noch heute in ihrer mittelalterlichen Ursprünglichkeit: Burganlagen, Kirchen und Klöster und eine Vielfalt an Denkmälern laden zu einer Zeitreise in die Vergangenheit ein.

Im Hochmittelalter erreichte die Burgenstadt als kirchliches und kulturelles Zentrum europäische Dimensionen. Die Stadt nutzt ihr einzigartiges Ambiente zu einer erlebnisorientierten und poetischen Inszenierung des Mittelalters. Unter den zahlreichen Aktivitäten ist das „Spectaculum zu Friesach", das größte Mittelalterfest im Alpen-Adria-Raum, einer der Höhepunkte des Jahres. Minnesänger, Gaukler, Feuerschlucker, Mönche und Ritter sowie mittelalterliche Gaumenfreuden locken die Besucher in Scharen an.

Die über 500 Akteure tragen bunte mittelalterliche Gewänder, und der „Verein Mittelalter Friesach" bewegt sich in seinem Element, denn seine Aufgabe ist die Pflege des mittelalterlichen Lebens in der Burgenstadt.

Der Burgbau zu Friesach ist ohne Zweifel einer der authentischsten Schauplätze dieser Stadt. Auf einer 6,5 Hektar großen Fläche wird seit dem Jahr 2009 eine mittelalterliche Burg mit der Technik und den Arbeitsmethoden des Mittelalters errichtet. Man verzichtet beim Bau bewusst auf moderne Baustoffe und technische Hilfsmittel. So wie vor 800 Jahren werden alle Arbeiten mit bloßen Händen erledigt. Die benötigten Materialien werden mit Tragkörben, Eseln und Pferden mühevoll herbeigeschafft. Diese mittelalterliche Baustelle bietet ein Erlebnis der besonderen Art.

Das Museum Carl Auer von Welsbach lässt Technikgeschichte wieder lebendig werden.

Die Story von der Glühbirne

In Treibach-Althofen bin ich zur Schule gegangen. Ich habe immer gewusst, dass es dort die Treibacher Chemischen Werke gibt und das Ganze verbunden ist mit Carl Auer von Welsbach. So richtig klar geworden, welche Bedeutung Auer von Welsbach hat, ist mir aber erst, als ich viel später einmal in Los Angeles war. Ich habe in einem Gespräch darüber erzählt – da sind meine Bekannten dort richtig ausgeflippt. Es ist ja wahr: Ohne den Erfinder des Glühstrumpfes, des Feuerzeugs und des ersten elektrischen Glühfadens hätten wir heute kein Licht, keine Fernseher, keinen Film ... wir hätten gar nichts.

Die Quelle des Sehens

Otto Retzer: Mein Kärnten

Künstler und Gläubige

Im Görtschitztal gibt es hohe Kunst zu bewundern. In Klein St. Paul befindet sich im Lachitzhof das Talmuseum. Dort kann man sich nicht nur mit der Geschichte der Eisenverarbeitung im Tal vertraut machen. Klein St. Paul ist auch ein „Qnstort". Zum Talmuseum gehört der Erfinder des Q, Werner Hofmeister, mit seinen Performances und Skulpturen und dem Quellenmuseum. „Q" wie Quelle. Es ist ein Gesamtkunstwerk alles zusammen. Meine Freundin Ingrid Flick schätzt Werner Hofmeister sehr und fördert ihn.

Im Görtschitztal hat auch Erwin C. Klinzer sein altes Kraftwerk. Dort macht er seine Art von Kunst, alle möglichen Dinge und immer mit dem Ziel, den Leuten zu zeigen, wie schön das Land ist, in dem sie leben. Im Görtschitztal sind von seinem Landschaftspark alle begeistert. Erwin C. Klinzer ist nicht nur für Kunst in Kärnten bekannt. Er hat auch die Kostüme für den Film „Jenseits von Afrika" entworfen, und man nennt ihn den Robert Redford von Kärnten. Seine Kunstwerke verkauft er nicht. Er „überlässt sie seinen Mäzenen".

Tibet liegt in Kärnten

Hüttenberg im Görtschitztal vereint in harmonischer Weise Tradition und Moderne von heimischer und fernöstlicher, tibetischer und westlicher Kultur. Das Museum des berühmten österreichischen Forschungsreisenden Heinrich Harrer birgt auf 1.000 Quadratmeter unzählige faszinierende Ausstellungstücke. Das „Fest der Kulturen" rund um den 6. Juli, den Geburtstag des Dalai Lama, ist ein großes Zusammentreffen der Religionen in Hüttenberg.

Im Tibetzentrum der Gemeinde erfährt man Interessantes über die indo-tibetischen Kulturwissenschaften sowie über tibetische Medizin und Astrologie. Sehenswert!

Jetzt kommt ein echter Geheimtipp von mir: Kirchberg. Das kennt in Kärnten wirklich keiner mehr, dabei sind die Leute da früher oft hingefahren. Die Kirchberger Kirche war eine Wallfahrtkirche, und unterhalb der Kirche gibt es eine Quelle, deren Wasser gegen Augenleiden hilft. Wenn das irgendwo anders auf der Welt wäre, würden Tausende Leute da hinpilgern. Ein guter Freund von mir wurde mit diesem Wasser von seinem Grauen Star geheilt, und diesmal habe ich wieder einem Freund von dem gleichen Wasser mitgebracht, es hat auch ihm bei einem gesundheitlichen Leiden geholfen.

Zu Gast bei Erwin C. Klinzer und im Talmuseum Lachitzhof.

Heilwasser gegen Augenleiden sind ein beliebtes und wirksames Heilmittel. Ich glaube dran!

Der Lingkor in Hüttenberg ist ein Stück Tibet in Kärnten, Werner Engelmann restauriert es.

Filmkulisse St. Veit

St. Veit hat den schönsten Hauptplatz überhaupt. Das Rathaus taucht deswegen in vielen Filmen auf, und noch dazu ist der Bürgermeister von St. Veit, Gerhard Möck, ein großer Förderer des Films. Wir haben hier viel gedreht, „Ein Richter zum Küssen" mit Heidelinde Weis und Klausjürgen Wussow, die Komödie „Die blaue Kanone" und einen der erfolgreichsten Filme der letzten Jahre, „Alles Glück dieser Erde" mit Uschi Glas. Auch Feldkirchen hat einen schönen Hauptplatz, auf dem wir gedreht haben, etwa „Hochwürden schlägt zu" mit Georg Thomalla, Peter Weck und Roy Black. In Feldkirchen spielt der kleine Feldflughafen die größte Rolle – dort sind „Die Pauker gehen in die Luft" oder „Die Kompanie der Knallköpfe" entstanden.

St. Veit an der Glan

Die Blumenstadt St. Veit liegt im Zollfeld in Mittelkärnten, ist umgeben von zahlreichen Burgen, Schlössern und Kirchen und somit ein idealer Ausgangspunkt für Kulturwanderungen in der Region.

Jeden Frühling wächst und gedeiht es auf dem imposanten historischen Hauptplatz. Ein Meer von Blumen, farbenprächtig und vielfältig wie die ganze Stadt, bedeckt den gesamten Platz. Ausgezeichnet wurde dieser Markt von der „Entente Florale", dem europäischen Blumenschmuckwettbewerb.

Die einstige Herzogstadt war bis 1518 Landeshauptstadt von Kärnten und hat bis heute ihr mittelalterliches Flair behalten, wobei alte Stadtmauern mit transparenten Glaspassagen eine gelungene architektonische Symbiose bilden.

Ihre Blüte erlebte die Stadt im späten Mittelalter. Gelegen an einer wichtigen Handelsroute, war St. Veit ein bedeutender Umschlagplatz für Güter aller Art. Aus dieser Zeit stammt die Tradition des St. Veiter Wiesenmarktes, der sich auch heute noch größter Beliebtheit erfreut. Eine wichtige Wirtschaftsquelle war das norische Eisen, das über St. Veit in alle Gebiete Europas exportiert wurde. Hier wurde auch die älteste Münze mit deutscher Inschrift geprägt.

Jedes Jahr im September begegnen sich hier bei der „Trigonale" alte und neue Musik und treten in einen außergewöhnlichen Dialog zueinander. Verbindungen über Zeit und Raum hinweg zu schaffen ist das Motto dieses Festivals Alter Musik.

Am Hauptplatz von St. Veit befindet sich das Rathaus, ein spätgotischer dreigeschossiger Bau mit spätbarocker Fassade.

Der Bürgermeister und große Förderer der Filme, die in Kärnten gedreht wurden und guter alter Freund Gerhard Mock.

Lavanttal
Obst und Reben

Die Landschaft zählt zu den reizvollsten Tälern Kärntens, vor allem im Frühling, wenn der Duft Tausender Obstbäume in der Luft liegt, oder im Juni und Juli, wenn die Almrauschblüte die Almen in leuchtende rote Teppiche verwandelt.

Die Fruchtbarkeit des Tales ist weithin bekannt, besonders berühmt für sein feines Aroma ist der „Lavanttaler Bananenapfel" und der „Most", ein spritziges, alkoholisches Apfelgetränk. Heute gilt das Lavanttal auch als wichtigste Weinbauregion des Landes. Mehr als tausend Jahre lässt sich die Weinbautradition zurückverfolgen. Im 18. Jahrhundert gab es in Kärnten über 130 Hektar Weingärten. Was hier angebaut wurde, war von so guter Qualität, dass Kaiserin Maria Theresia zur Hochzeit ihres Sohnes den Kärntner Wein „Sittersdorfer Rötel" liefern ließ. Doch im 19. Jahrhundert sorgten Pilzkrankheiten dafür, dass der Kärntner Wein nahezu völlig verschwand. In den 70er-Jahren belebte der damalige Leiter der Obstversuchsanstalt St. Andrä, Herbert Gartner, die Weinbautradition erneut. Heute bauen rund 120 Winzer in Kärnten auf rund 30 Hektar vor allem weiße Rebsorten an. Mittlerweile ist auch sein Sohn Erwin engagierter und erfolgreicher Winzer und bewirtschaftet die beiden Rebflächen bei Schloss Thürn und am Weingartjörgl. Der Boden ist extrem humusarm und sandig, seine Basis Glimmerschiefer. Er ergibt mineralische und konzentrierte Weine mit prägnantem Bukett. 2010 hat der Sauvignon Blanc der Familie Gartner bei der Austria Wine Challenge den zweiten Platz errungen.
Das Lavanttal mit seinen Regionen Saualpe, Klippitztörl, Koralpe und Weinebene zählt aber auch zu den schönsten Wandergebieten Österreichs. Insgesamt locken 500 Kilometer Wanderwege. Bei der Saualpen-Hüttenwanderung säumen 33 Hütten den Weg und stillen mit Lavanttaler Most und Brettljausen die kulinarischen Bedürfnisse der Wanderer. Über satte Almwiesen geht es vorbei an seltsamen, blockartigen Formationen, den sogenannten Öfen. Der „Lavanttaler Höhenweg" mit einer Länge von 135 Kilometern führt über die Koralpe und die Saualpe. Der Reiz dieser Wanderung liegt in der unberührten Natur.

Geschichten um St. Paul

Otto Retzer: Mein Kärnten
Die Försterhütte auf der Saualpe

Auf der Saualpe lebt in einer romantischen Försterhütte ein Freund von mir. Er hat in seinem Domizil weder fließendes Wasser noch anderen Komfort. Seine Hütte besteht aus einer Wohnküche und einem Schlafraum, den man über eine einfache Leiter erreicht. Vor dem heimelig knisternden Feuer habe ich mit ihm viele Gespräche über Filme und über Gott und die Welt geführt. Einmal stand er unvermittelt auf und stieg die Leiter nach oben. Er kam mit einem Brief wieder herunter, den er ersteigert hatte – den letzten Brief Lenins! Auch Michail Gorbatschow hatte sich um diesen Brief bemüht und meinen Freund später einige Male gefragt, ob er den Brief nicht hergeben würde. Er bleibt aber gut verwahrt auf der Saualpe. Sein Besitzer ist ... der berühmte Schauspieler Maximilian Schell.

Der Übergang von Lavanttal ins Görtschitztal, das Klippitztörl, ist heute ein großes Schigebiet. In meiner Jugend war das einfach ein verschlafener Pass über die Berge. Dort habe ich vor vielen Jahren einmal einen Event in Schwung gebracht. Mein Bruder hat im Sommer so ein Zeltfest veranstaltet, das unter Zuschauermangel litt. Deshalb hat er mich gebeten, ein paar Prominente dort hinaufzubringen. Ich habe ihm versprochen, mit Franz Klammer, Werner Grissmann und Hansi Hinterseer zu kommen. Das Fest sollte am 13. August stattfinden. Als ich am 6. August meine Mutter besucht habe, hingen überall die Plakate ... aber die drei Stargäste wussten gar nichts davon, dass sie die Stargäste waren.

Wie ich es noch geschafft habe, alles rechtzeitig zu organisieren, weiß ich nicht mehr, aber am 13. August waren alle drei da. Sie haben nach der Show Blumensträuße bekommen auf der Bühne – und es war einer der bewegendsten Momente für mich, wie sie diese Blumen an meine damals schon im Rollstuhl sitzenden Mutter weitergegeben haben.

Von der Saualpe schweift der Blick weit ins Land.

Eines der schönsten und ältesten Stifte Österreichs ist St. Paul im Lavanttal mit der romanischen Basilika und ihrem berühmten Freskenschmuck. St. Paul beherbergt eine riesige Bibliothek mit vielen tausend Handschriften, eine der bedeutendsten Büchersammlungen Österreichs. In St. Paul habe ich einst mit Adi Peichl für „Schloss am Wörthersee" im Chor gesungen.

Auf dem Weg nach St. Paul, kehre ich immer auch beim „Hambrusch" ein. Der hat als erster und einziger Wirt die Gault-Millaut-Haube abgelehnt mit der Begründung, dass die Leute ruhig selbst drauf kommen sollen, wie gut es bei ihm schmeckt. Er ist quasi der Kärntner Haubenrebell – und natürlich lohnt es sich auch ohne Haube sehr, ihn zu besuchen.

Geschichten um St. Paul

Die Saualpe-Klippitzthörl

Stift St. Paul

Die Weinbautradition des Stifts St. Paul reicht schon über Jahrhunderte zurück. Schon Erzherzog Johann hat den Grundstein für die Weiterentwicklung des österreichischen Weinbaus gelegt. Auf sanften Südhängen gedeihen durch das Mikroklima mit relativ kühlen Nächten und mäßig heißen Tagen die Qualitätsweine von vinumpaulinum, der Weindomäne des Stifts St. Paul. Die Stiftsweine von vinumpaulinum können im Stiftskeller verkostet werden. Kärntner und Urlauber genießen nun auch die Weine wie Sauvignon blanc, Welschriesling, Rheinriesling, Weiß- und Grauburgunder, Chardonnay oder eine Traminer Spätlese.

Das Lavanttal zählt zu den ruhigeren Winterzielen in Kärnten und ist mit seinen sanften Hängen und rund 90 Pistenkilometern für Familien bestens geeignet. Darüber hinaus ermöglicht es Langläufern auf über 100 Loipenkilometern durch die idyllische Natur zu gleiten und dabei die Erholung im Einklang mit der Natur zu genießen.

Das Wahrzeichen der Stadt Wolfsberg im Lavanttal bildet der im neugotischen Tudorstil gehaltene Prachtbau des Schlosses Wolfsberg. Bereits 1178 wurde Burg Wolfsberg urkundlich erwähnt und im Laufe der Jahrhunderte unter ihren verschiedenen Burgherren und wechselnden Besitzern, darunter auch Kaiserin Maria Theresia, mehrfach um- und ausgebaut. Erst die Grafen Henckel von Donnersmarck gaben der Burg ihr jetziges unverwechselbares Aussehen. Heute ist Schloss Wolfsberg im Besitz der Kärntner Montanindustrie GmbH. Seit der Beendigung aufwändiger Renovierungsarbeiten stehen seine Prunkräume der Öffentlichkeit für Veranstaltungen wieder zur Verfügung.

Das kulturelle Angebot im Lavanttal ist geprägt durch historische Schätze entlang der Orte St. Paul – St. Andrä – Wolfsberg, den historischen, geistlichen und wirtschaftlichen Zentren der Region.

Das Benediktinerstift St. Paul hat mit seiner einzigartigen Kunstsammlung Bedeutung weit über die Region und das Bundesland Kärnten hinaus und wird zu Recht als das „Schatzhaus Kärntens" bezeichnet. Rund um den Kräutergarten des Stiftes, dem „Hildegardium", sammelt sich das Wissen um den Anbau und die Verwendung von Kräutern für das Wohlbefinden und die Gesundheit der Menschen, die hierherkommen, um mehr über die heilkräftigen Pflanzen, ihren Anbau und ihre Anwendung in der Heilkunst zu erfahren.

Auf den Spuren von Paracelsus wandelt man im oberen Lavanttal auf den Quellenwanderwegen. Zu finden sind Wasser aus der Kölzer Quelle in Reichenfels, Wannenbäder im Schwefelbad Bad St. Leonhard oder Mineralwasser aus der Quelle des Preblauer Sauerbrunnes. Den „Bründln" und Quellen im Lavanttal werden geheimnisvolle und wundersamen Heilkräfte nachgesagt.

In der Bibliothek des Stifts St. Paul lagern bibliophile Schätze – und im Keller wunderbare Weine. Hier bin ich mit Abt Heinrich in der Bibliothek und Dr. Bernhard Binder, dem Forstmeister des Stifts St. Paul.

119 | Kärnten

Kärntner Seen
Vielfalt und Vielzahl

Es sind 1.200 an der Zahl, sie haben durchweg Trinkwasserqualität, sie erreichen im Sommer bis zu 28 Grad Wassertemperatur und sie gelten als Europas sauberste Badeparadiese. Den langen Sommer und die vielen Sonnenstunden genießt man in Kärnten am besten an einem seiner herrlichen Seen. Hier kann man schwimmen, tauchen, fischen, segeln, surfen, rudern, wandern, skaten, radeln, laufen, golfen, feiern oder einfach nur entspannt genießen. Jedes Gewässer hat seinen individuellen Charakter, sein eigenes Flair und seine spezielle Zielgruppe.

Der Mondäne

17 Kilometer lang und bis zu 1.600 Meter breit, eingebettet in grüne Hügel und flankiert von den Karawanken im Süden, genießt der Wörthersee einen legendären Ruf. An seinen Ufern versammeln sich die Schönen und Reichen. Sie lieben diese Riviera Österreichs, das mediterrane Licht, flitzen mit den Motorbooten von einer Strandbar zur nächsten. Der Wörthersee ist auch Schauplatz vieler Sport- und Society-Events wie dem Beachvolleyballturnier, dem Ironman Kärnten, „la Fete Blanche", und dem Body Painting Festival, zu dem Tausende an den mondänen See kommen.
In das größte Binnenstrandbad Europas, das Klagenfurter Strandbad, strömen an heißen Ferientagen bis zu 15.000 Sonnen- und Badehungrige. Auf einer 40.000 Quadratmeter großen parkähnlichen Liegewiese, einem 300 Meter langen Sandstrand und den drei Holzbrücken, die jeweils 150 Meter in den See ragen, kann man wunderbar relaxen und die Sonne genießen.

Der Mystische

Der mit 141 Metern tiefste See in Kärnten ist durchströmt von geomantischen Energielinien, die vom Berg Mirnock herunter verlaufen. Zahlreiche geheimnisvolle Kraftorte säumen die Gegend rund um den Millstätter See. Die Einheimischen glauben fest an die energiespendende Wirkung dieses tiefgründigen und schönen Sees.

Der Naturbelassene

Mit stillen Buchten und fjordartigen Gewässern ist der abgeschiedene Weißensee mit seinen 930 Höhenmetern der höchstgelegene unter den großen Kärntner Seen. Zwei Drittel des Seeufers sind naturbelassen und unverbaut. Jeder Gastgeber kann so den Urlaubern einen kostenlosen eigenen Badestrand bieten. Das kristallklare Wasser und die 22 im See vorkommenden Fischarten machen ihn zu einem der schönsten Reviere für Petrijünger. Geboten werden Frühstück für Frühaufsteher, hauseigene Fischerboote, Fischerstammtische und jedes Jahr im Mai das Wettangeln um die „Goldene Forelle vom Weißensee". Übrigens: Motorboote sind am Weißensee verboten!

Der Weissensee ist noch weitgehend naturbelassen.

Der Kultige

Deutlich lauter geht es am Faaker See zu, zumindest im September, wenn sich 70.000 Harleyfahrer zur European Bike Week treffen, zum ultimativen Höhepunkt der Motorradsaison, um ihre „grenzenlose" Freiheit zu genießen. Von hier aus durchqueren sie traumhafte Täler, überwinden beeindruckende Bergstraßen und unternehmen auch Dreiländertouren nach Italien und Slowenien. Den Rest des Jahres zeigt sich der See samt seiner idyllischen Insel eher als familienfreundliche Badewanne.

Der Kultivierte

Zwischen dem Ausläufer der Nockberge im Norden und der Karawanken und Karnischen Alpen im Süden liegt nahe dem Faaker See der Ossiacher See. Seit über 40 Jahren wird an dessen großzügigen Uferzonen den Darbietungen des Carinthischen Sommers gelauscht. Das hochwertige Kulturfestival bietet eine Mischung aus Altbewährtem und Modernem. Bei diversen Erstaufführungen und Uraufführungen von Kirchenopern haben Größen moderner und klassischer Musik wie Riccardo Muti, Gottfried von Einem und Rudolf Buchbinder die Qualität und Vielfalt dieser Veranstaltung weit über die Grenzen hinaus berühmt gemacht.

Faaker See, Ossiacher See und Klopeiner See harren der Entdeckung.

Der Gemütliche

In der zweiten Julihälfte, wenn es in Kärnten am heißesten ist, erreicht der Klopeiner See in Südkärnten bis zu 28 Grad Wassertemperatur. An seinen Ufern frönen Wasserratten von Mai bis Anfang Oktober dem Wassersport. Hier finden Familien den idealen Platz für ihre Sommerfrische, denn die gesamte Region ist besonders abwechslungsreich. Neben dem Badespaß führen über 800 Kilometer Wanderwege durch eine idyllische Landschaft nördlich der Karawanken zu den beeindruckenden Obir-Tropfsteinhöhlen oder zur Trögerner Klamm.

Spezielle Seen für spezielle Gäste

Oberhalb von Pörtschach am Wörthersee befindet sich der ruhige Forstsee, an dem FKK-Anhänger ihre einsamen Plätzchen finden und Hundeliebhaber gemeinsam mit Ihren Lieblingen Badespaß erleben.
70 Prozent der Gemeindefläche des Keutschacher Sees sind Naturschutzgebiet und das Südufer gehört den Fans nahtloser Bräune. Hier befindet sich Europas größtes Binnen-FKK-Gelände.
Der Pressegger See bei Hermagor lockt als Familienerlebnispark mit einer Kombination aus Action, Natur und Badespaß.
Der Turnersee, auch kleiner Bruder des Klopeiner Sees genannt, beheimatet in seinem Schilfgürtel einen Vogelpark mit Streichelzoo und Kindererlebnispark. Unwiderstehlich schön sind die vielen Seerosen.
Am Rande des Nationalparks Nockberge spenden der Feldsee und der Afritzer See Abkühlung für Radfahrer und Wanderer.
Eingebettet in der Hügellandschaft Mittelkärntens liegt der Maltschacher See, ein vom Massentourismus verschontes Naturjuwel.

Der Turnersee in der Dämmerung

Kärntner Kunst und Kultur

Kärnten ist die einzige Region Europas, in der drei große Kulturen, die slawische, die romanische und die germanische, aufeinander treffen. Es ist also kaum verwunderlich, dass viele Künstler und Literaten von internationalem Ansehen aus diesem Brennpunkt der Kulturen hervorgingen oder hier eine zweite Heimat gefunden haben.

Schloss Ebenau beherbergt Werke von Künstlern wie Kiki Kogelnik, Bruno Gironcoli oder Arnulf Rainer.

Kunst

Im frühen 20. Jahrhundert entstand in Nötsch im Gailtal unter der Bezeichnung „Nötscher Kreis" mit den Malern Sebastian Isepp, Franz Wiegele, Anton Kolig und Anton Mahringer ein international anerkannter Künstlerzirkel. 1998 wurde im Geburtshaus von Franz Wiegele das Museum des Nötscher Kreises eröffnet, wo von Frühjahr bis Herbst hochkarätige Werke dieser Künstler zu bestaunen sind.

Der Künstler Werner Berg lebte ein halbes Jahrhundert auf seinem Bauernhof in Unterkärnten. Neben Ölgemälden hat er auch Holzschnitte geschaffen und dabei eindrucksvolle Winterlandschaften, Bauernhöfe, einsame Felder und ausdrucksstarke Charakterköpfe der Dorfbewohner dokumentiert. Das „Werner-Berg-Museum" in Bleiburg beschäftigt sich ausschließlich mit den Werken dieses Künstlers und beherbergt den reichen Bilderbestand der Stiftung Werner Berg.

Eine kosmopolitisch ausgerichtete Galerie befindet sich im Renaissanceschloss Ebenau. Die Galerie Walker zeigt auf rund 500 Quadratmetern Werke von Künstlern wie Arnulf Rainer, Gudrun Kampl, C.L. Attersee und Bruno Gironcoli, sowie eine umfassende Kollektion an Kiki Kogelniks beliebten „Venezianischen Köpfen".

Einblicke in die Kunst des 19. Jahrhunderts bis zur Gegenwart erhält man im MMKK, dem Museum für Moderne Kunst Kärnten in Klagenfurt. Ein Bestand von über 5.000 Werken namhafter Künstler wie Maria Lassnig, Herbert Boeckl, Werner Berg und Anton Mahringer ist hier zu sehen.

Eine der größten Sammlungen der wichtigsten Maler und Bildhauer der Nachkriegszeit beherbergt das Privatmuseum

Installation von Kiki Kogelnik

Liaunig in Neuhaus in Südkärnten. Hier findet man Kunst von Maria Lassnig, Hermann Nitsch, Arnulf Rainer, Bruno Gioroncoli, Herbert Böckl, Hans Staudacher und vielen anderen. Mit dem Liaunig Museum, das von außen und innen für Staunen sorgt, hat sich der Kärntner Industrielle Herbert Liaunig einen Lebenstraum erfüllt. Sein Privatmuseum ist nur gegen Voranmeldung zugänglich, aber es ist ein durchaus lohnender Besuch, zumal allein der extravagante und imposante Museumsbau bereits mehrere Architekturpreise erzielen konnte.

Das Kunstmuseum Liaunig besticht auch von außen mit extravaganter Architektur!

1950 sorgten die Fresken von Giselbert Hoke im Hauptbahnhof Klagenfurt für Aufruhr. Als Absolvent der Wiener Kunstakademie schuf er damals die umfangreichen Wandfresken, die wegen ihrer Modernität die Kärntner empörten. Die Themen „Krieg" und „Frieden" wurden von ihm unkonventionell etwa in Form eines gewaltigen Tieres dargestellt.

Der Architekt Günther Domenig hat in Kärnten von 1986 bis 2008 einen Koloss aus Beton, Kalkstein, Stahl und Glas – das Steinhaus in Steindorf am Ossiacher See – entworfen. Er würfelte Kuben und Pyramiden durcheinander zu einer Werkstätte für Architektur.

Manfred Bockelmann

Udo Jürgens sorgte vor kurzem mit seiner Familiensaga „Der Mann mit dem Fagott" für Furore. Vor Jahren hat er seinem Bruder Manfred Bockelmann mit dem Lied „Mein Bruder ist ein Maler" ein musikalisches Denkmal gesetzt. Der Kärntner Künstler Manfred Bockelmann zählt zu den vielseitigsten Kunstschaffenden Österreichs. Er ist Maler, Bildhauer und Fotograf.

Manfred Bockelmann wurde 1943 in Klagenfurt geboren. Nach seinem Studium in Graz arbeitete er zunächst als freier Fotograf, bevor er mit Friedensreich Hundertwasser für einige Zeit auf dessen Schiffskutter „Regentag" reiste.

Manfred Bockelmann arbeitet nach längeren USA-Aufenthalten zur Zeit in seinem zentralen Atelier in der Scheune seines elterlichen Bauernhofes in Kärnten. Fotosafaris führten Bockelmann in den letzten Jahren durch Mittel- und Südamerika, Australien und Ostafrika. Fotografie und Malerei beeinflussen sich in seinen Werken wechselseitig.

Der Künstler Manfred Bockelmann ist weit über die Grenzen Kärntens hinaus bekannt.

Die Künstlerin Kiki Kogelnik

In Bleiburg in Kärnten befindet sich das Geburtshaus der international anerkannten Künstlerin Kiki Kogelnik. Ihr Werk umfasst Malerei, Skulptur, Grafik und Kunstinstallation. Kogelnik wird als österreichische Vertreterin der Pop-Art bezeichnet, auch wenn sie sich selbst nicht als Pop-Art-Künstlerin betrachtete. Bereits während der Jahre auf der Kunstkademie in Wien gehörte Kogelnik gemeinsam mit Arnulf Rainer, Wolfgang Hollegha, Josef Mikl, Markus Prachensky und Maria Lassnig zum Kreis der jungen Avantgarde um die Galerie nächst St. Stephan.
1958/59 verbrachte Kogelnik längere Zeit in Paris und freundete sich mit dem amerikanischen Künstler Sam Francis an. Sie zog 1961 nach Kalifornien und darauf nach New York. Dort hatte sie enge Kontakte zur Künstlergruppe um Roy Lichtenstein, Claes Oldenburg und Andy Warhol. Kogelniks Arbeit in dieser Zeit war stark von den Farben und Materialien der Pop-Art beeinflusst.
Kiki Kogelnik pendelte ständig zwischen den Kontinenten von New York nach Wien und Bleiburg bis sie 1997 einem Krebsleiden erlag. Sie wurde in ihrer Heimatstadt Bleiburg beigesetzt.

Von Kiki Kogelnig gestaltete Brunnen befinden sich am Hauptplatz von Bleiberg und in der Nähe des Klagenfurter Landhauses.

Literatur

Kärnten hat zahlreiche Schriftsteller von internationalem Rang hervorgebracht. Im frühen 20. Jahrhundert erlangten Josef Friedrich Perkonig, Dolores Viesèr und Gerhart Ellert als Erzähler große Bekanntheit. Der Klagenfurter Robert Musil war ein erfolgreicher Romanschriftsteller, der die Literatur mit seinen Werken wie „Der Mann ohne Eigenschaften" bereicherte. Mit dem „Robert-Musil-Museum" hat die Stadt Klagenfurt das Geburtshaus des Schriftstellers zu einem Zentrum für Literatur umgebaut. Nach dem Zweiten Weltkrieg traten die Lyriker Ingeborg Bachmann, Michael Guttenbrunner und Christine Lavant hervor. Ihnen folgten Peter Handke, Gert Jonke, Peter Turrini und Josef Winkler. Diese Autoren setzen sich kritisch mit ihrer Heimat auseinander, so etwa Josef Winkler in seiner Trilogie „Das wilde Kärnten".
Die bedeutendste Literaturveranstaltung Kärntens sind die „Tage der deutschsprachigen Literatur" in Klagenfurt, in deren Rahmen unter anderem der Ingeborg-Bachmann-Preis vergeben wird.
In Erinnerung an den Kärntner Lyriker und Erzähler Gert Jonke, der übrigens der erste Gewinner des Ingeborg-Bachmann-Preises 1977 war, wird vom Land Kärnten und der Stadt Klagenfurt seit 2011 alle zwei Jahre der Gert-Jonke-Literaturpreis für Lyrik, Prosa und Dramatik an Schriftsteller aus dem deutschsprachigen Raum vergeben.

Urlaub am Bauernhof

Landesverband Urlaub am
Bauernhof Kärnten

Viktringer Ring 5
9020 Klagenfurt

Tel.: +43 (0) 463 / 33 00 99
Fax: +43 (0) 463 / 33 00 99 – 33
office@urlaubambauernhof.com
www.urlaubambauernhof.com

Hoch oben, dort, wo der Himmel bis zum Almboden reicht, wartet das Almhüttenglück auf die Urlaubsgäste. Die Luft ist klar, die Welt wird weit und die Gedanken sind frei. Irgendwo unten im Tal ist die Tretmühle des Alltags geblieben. Auf der Alm verfällt die Zeit in einen gemächlichen Gang. Ausspannen, genießen, im Rhythmus der Natur leben. Zwischen Sonnenaufgang und Kerzenschein. Zwischen Kühen und Gämsen. Zwischen Almröschen und Arnika.

Urlaub in der Almhütte

Der Landesverband „Urlaub am Bauernhof Kärnten" war in Österreich Trendsetter für den Almhüttenurlaub. Derzeit werden über 200 Almhütten vermietet. Alle werden regelmäßig auf Qualität und Standard geprüft. Da ist garantiert für jeden die richtige, nämlich „seine" Almhütte dabei. Die Vielfalt ist groß! Sie reicht von „urig mit Holzherd und Plumpsklo" bis zu „komfortabel-luxuriös mit Sauna und TV". Es gibt Hütten, die allein auf einem malerischen Höhenplatz stehen, und solche, die sich gesellig ins Hüttendorf einfügen. Hütten für Frühling, Sommer, Herbst und Winter, denn der Almhüttenurlaub hat immer Saison. Hütten für Wanderer und Wintersportler – die können sich das Snowboard oder die Schi gleich vor der Hüttentür anschnallen und losstarten. Hütten für Spaziergänger oder Hinter-dem-Ofen-Hocker, für Beerensucher und Pilzefinder. Als Urlauber in der Almhütte hat man seine eigenen vier Wände. Dort darf man schalten und walten, wie man will, darf Holz hacken, am Kachelofen kuscheln oder auf der Bank vor der Hütte sitzen und das einzigartige Kärntner Bergpanorama genießen. Und da die meisten Almhütten Bauern gehören, ist, falls gewünscht, auch für die Lieferung von köstlichem Kärntner Speck, frischem Bauernbrot und würziger Almbutter gesorgt!

Fotos: Landesverband Urlaub am Bauernhof Kärnten – Lamm / Prokop

Die Luft ist klar, die Welt wird weit und die Gedanken sind frei. Irgendwo unten im Tal ist die Tretmühle des Alltags geblieben. Auf der Alm verfällt die Zeit in einen gemächlichen Gang.

Hinteregger Hotels Katschberg

Hinteregger Hotels Katschberg
Familie Hinteregger

Katschberghöhe
9863 Rennweg

Tel.: +43 (0) 4734 / 650
Fax: +43 (0) 4734 / 250-41
www.hotel-hinteregger.com
urlaub@hotel-hinteregger.at

Mit einem großen Herz für Familien und Genießer, mit viel Liebe zu Natur und Landschaft und mit maßgeschneiderten Angeboten punkten die Hinteregger Hotels am Katschberg. Ein unschätzbarer Vorteil der Hotels: Gäste müssen nicht weit laufen, um ins Zentrum von Abenteuer und Action zu gelangen, denn die Häuser liegen mitten im Ortskern.

Wir mögen unsere Gäste

Wenn's Petrus mit dem Wetter mal nicht so gut meint, wird es drinnen kuschelig: alle Hinteregger-Häuser verfügen über einen großzügigen Wellnessbereich, der keine Erholungswünsche offen lässt. Und bei der Gestaltung der kulinarischen Verführungen haben die Hausherren Kreativität und Phantasie walten lassen und überraschen täglich mit lukullischen Verlockungen.
Im Familien-Erlebnishotel am Katschberg werden vor allem den Jüngsten die Augen übergehen. Mit einer 850 m² großen Indoor- und Outdoor-Spielfläche und sieben Spielräumen schlägt das Hotel alle Rekorde, wenn es um kreative Ideen für Kids & Teens geht. Und 60 Stunden Kinderbetreuung pro Woche garantieren, dass auch die Eltern mal zum Durchatmen kommen.
Es gibt wohl kaum einen besseren Platz auf dieser Welt, um die Sorgen des Alltags hinter sich zu lassen, als das Hotel Lärchenhof. Das Gefühl der Entspannung stellt sich schon bei der Ankunft ein und setzt sich fort, wenn man sich in einem der 50 liebevoll renovierten Zimmer niederlässt. Ein Blick auf die beruhigende Bergwelt, die Aussicht auf genussvolle Entspannung und erstklassige kulinarische Perspektiven garantieren Urlaubsfeeling von der ersten Minute an. Im Herzen des Ortes Katschberg, direkt am Schilift und mit einer perfekten Aussicht auf die Berge und Pisten, vervollständigt das Familienhotel Katschberghof als jüngster „Zuwachs" die Familie der Hinteregger-Hotels. Sportlichen Gästen steht ein riesiger Pool zur Verfügung, ergänzt von einer Saunalandschaft und einer großen Terrasse, die im Sommer zum optischen Gipfelsturm und im Winter zu Sonnenstunden an der Eisbar oder im gemütlichen Liegestuhl einlädt.

Foto: ©Roland Holitzky

Foto: ©Roland Holitzky

Es gibt wohl kaum einen besseren Platz auf dieser Welt, um die Sorgen des Alltags hinter sich zu lassen, als das Hotel Lärchenhof.

Die schönsten Panoramastraßen Kärntens

Großglockner Hochalpenstraßen AG

Rainerstraße 2
5020 Salzburg

Tel.: +43 (0) 662 / 873 673 - 0
Fax: +43 (0) 662 / 873 673 - 13
info@grossglockner.at
www.grossglockner.at

Großglockner Hochalpenstraße

Monumentales Wahrzeichen und schönste Panoramastraße der Alpen.

Die Großglockner Hochalpenstraße zählt seit über 75 Jahren zu den schönsten Panoramastraßen der Alpen. Ca. 900.000 Besucher aus aller Welt „erfahren" jährlich die 48 Kilometer lange Strecke, die sich durch eine unverwechselbare kunstvolle Trassenführung und einen zehn Kilometer langen Panorama-Abschnitt auf 2.300 Meter Seehöhe auszeichnet. Die Straße bietet motorisierten Ausflüglern wunderbare Ausblicke auf Österreichs höchsten Berg, den Großglockner, mitten im Nationalpark Hohe Tauern. Den spektakulären Höhepunkt bildet die Kaiser-Franz-Josefs-Höhe auf 2.369 Meter Seehöhe, von wo aus der Großglockner in schier greifbare Nähe rückt. Und mit ihm mehr als 30 umliegende Dreitausender sowie die vielfältige Fauna und Flora des Nationalparks Hohe Tauern: Murmeltiere und Steinböcke zählen zu den bemerkenswerten Wegbegleitern einer Fahrt über die Großglockner Hochalpenstraße.

Nockalmstraße

Für Gourmets und Naturliebhaber.

In sanften Kurven windet sich die Nockalmstraße durch den Nationalpark: Almrausch, Murmeltiere, Wanderwege und zahlreiche Hütten und Gasthöfe mit köstlichen Kärntner Schmankerln zählen zu den Begleitern.

Villacher Alpenstraße

Drei Länder auf einen Blick.

Die Villacher Alpenstraße führt auf einer Länge von 16,5 Kilometer in den Naturpark Dobratsch. Der Panoramablick auf die gewaltigen Gebirgsketten in Slowenien und Italien verführt zum Träumen und Staunen.

Goldeck-Panoramastraße

Kleine feine Panoramastraße.

Zehn Kehren überwinden Autofahrer auf der 14,5 Kilometer langen Goldeck-Panoramastraße, bis sie ihr Endziel erreichen: Vom „Seetal" geht es weiter zu Fuß auf den Goldeck-Gipfel mit herrlichem Ausblick.

Großglockner Hochalpenstraße
DER BERG.
DIE STRASSE.
DAS ERLEBNIS.

Wilhelm-Swarovski-Beobachtungswarte auf der Kaiser-Franz-Josefs-Höhe

Murmeltiere entlang der Großglockner Hochalpenstraße

Nockalmstraße im Nationalpark Nockberge

Hotel Hochschober

Hotel Hochschober
Familie Leeb und Klein

9565 Turracher Höhe 5

Tel.: +43 (0) 4275 / 8213
Fax: +43 (0) 4275 / 83 68
urlaub@hochschober.com
www.hochschober.com

Vor über 80 Jahren eröffnete Familie Leeb den „Gasthof Hochschober" auf 1.763 Metern Höhe am Turracher See. Den Gastgebern war von Beginn an klar, dass die besondere Lage am Berg auch besondere Ideen verlangte.

Außergewöhnliche Ideen & stille Wunder

Inspiriert von vielen Reisen entstanden im Laufe der Jahre das erste beheizte See-Bad der Welt, der orientalische Hamam und der fernöstliche Chinaturm. In jüngster Zeit kamen der Spielraum dazu und das „Wortreich", eine Bibliothek mit über 4.000 Büchern und einem eigenen Lesesalon. Diese vielfältigen Angebote des Hauses finden in der Umgebung mit den Bergseen auf der Turracher Höhe, den Zirbenwäldern und den nahen Nockbergen eine perfekte Ergänzung. Treffpunkte für die jungen Gäste sind die Kinder-Villa mit betreutem Kindergarten und der Jugend-Club. Dort und natürlich auch bei allen anderen Angeboten kümmern sich die erfahrenen Mitarbeiter und Experten, die dem Hochschober seit Jahren verbunden sind, um die Gäste und gestalten und leiten die einzelnen Programmpunkte. Und: Die Teilnahme an allen Programmen ist in den Arrangementpreisen inkludiert. Das war im Hochschober schon immer so.
Heute führt Familie Leeb und Klein das Hotel, das österreichweit zu den besten zählt, in dritter Generation. Fest verwurzelt in der Region und gleichzeitig selbst begeisterte Reisende, sind sie stets auf der Suche nach Ideen für das, was Menschen im Urlaub glücklich macht. Dabei orientieren sie sich nicht an flüchtigen Trends, sondern an Themen, die ihnen persönlich am Herzen liegen. Großen Wert legen sie auf nachhaltiges Handeln und soziale Verantwortung. Als Hochschober-Gast weiß man sich vom ersten Moment an aufmerksam umsorgt, kommt genussvoll zur Ruhe und findet immer wieder neue Anregungen.

Heute führt Familie Leeb und Klein das Hotel, das österreichweit zu den besten zählt, in dritter Generation. Fest verwurzelt in der Region und gleichzeitig selbst begeisterte Reisende, sind sie stets auf der Suche nach Ideen für das, was Menschen im Urlaub glücklich macht.

Seehotel Jägerwirt

Das Seehotel Jägerwirt liegt direkt am malerischen Turracher See im schneesicheren Schigebiet.

Entspannung im Zirben-Spa im Seehotel Jägerwirt gibt Gästen die Kraft aus der Natur.

Im Seehotel Jägerwirt auf der Turracher Höhe ist die Natur spürbarer als anderswo. Das 4-Sterne-Superior-Haus liegt auf der Sonnenseite des Turracher Sees und inmitten der Nockberge, welche aufgrund ihrer sanften Geländeformen sowohl im Sommer als auch im Winter ein besonderes Ziel für Naturliebhaber sind.

Der Bergsee ruft!

Das Seehotel Jägerwirt liegt auf 1.763 Metern Seehöhe, dort wo die Luft gesund und besonders allergiearm ist. Auch sonst macht man sich hier die Kraft der Natur zunutze: bei der Ausstattung der Zimmer, im Wellnessbereich und natürlich in der Küche. Ganz nach dem Motto „Bio ist gut, regional ist besser!" setzt man konsequent auf höchste Qualität. Fleisch und Gemüse werden von nahen Bauernhöfen bezogen, Wildgerichte stammen aus der eigenen Jagd, und das Wasser kommt aus der hoteleigenen Bergquelle. Wohlbefinden pur wartet im Zirben-Spa, wo bei Kosmetikanwendungen nur natürliche Öle und Cremes ohne chemische Zusätze zum Einsatz kommen. Im Bali-Spa holt man sich Tropenfeeling in die Berge.

Im Jägerwirt fühlen sich Kinder und Jugendliche besonders wohl – das Angebot für den Nachwuchs ist riesig. „Sicher draußen!" lautet die Devise des „Hirschen Camp" für Hotelgäste ab 10 Jahren im Sommer. Ein geschulter Betreuer begleitet die jungen Abenteurer auf ihrer Entdeckungsreise, bei der es nicht nur um Fähigkeiten wie Disziplin und Mut geht, sondern auch um große Freundschaften. Am Ende der Woche winkt die Auszeichnung zum „Alpen-Ranger".

Seehotel Jägerwirt****s
Familie Brandstätter

8864 Turracher Höhe 63

Tel.: +43 (0) 4275 / 8257-0
Fax: +43 (0) 4275 / 8257-717
urlaub@seehotel-jaegerwirt.at
www.seehotel-jaegerwirt.at

Kranzelbinder – Mythos Edelstein

Wohnzimmerinterieur aus versteinertem Holz

Feueropal, 12 Karat

Familie Kranzelbinder

Turracher Höhe 15
9565 Ebene Reichenau

Tel.: +43 (0) 4275 / 8233
Fax: + 43 (0) 4275 / 8233-4
kranzelbinder@aon.at
www.kranzelbinder.at

Natürliche Unikate, kunstvoll in Szene gesetzt

Turracher Höhe: Steirischer Zirbenschnaps, Kärntner Brettljausen, drei mystische Gebirgsseen, die spektakuläre Alpenachterbahn „Nocky Flitzer" im familienfreundlichen Wanderparadies und die europaweit einzigartige Edelsteinwelt „alpin+art+gallery" der Familie Kranzelbinder stellen die Höhepunkte des umfangreichen „Sinn-Erlebnisses Turracher Höhe" dar. Jahrtausendelang wurden über die Passstraße Steinsalz, Holz und edle Erze von Salzburg und der Steiermark und selbstverständlich vom Nockgebiet nach Kärnten, Slowenien und Italien transportiert. Anfang der 1960er Jahre stellte Großvater Rupert Kranzelbinder Eigenfunde im 300 Jahre alten Getreidekasten-Museum aus und baute zwei Jahrzehnte lang Zinnober-Erz im Kor-Stollen auf der Turracher Höhe ab. Heute steht der Name Kranzelbinder für hochkarätigen Designerschmuck, luxuriöse Dekor-Objekte, internationale Farbedelsteine und Raritäten, die in der angebotenen Fülle europaweit einzigartig sind.

Bad Kleinkirchheim: Thermalbäder, Bergbahnen, Golfanlage und die Nähe zum Naturjuwel Millstätter See verleihen Bad Kleinkirchheim ein einmaliges sportliches und zugleich romantisches Flair. Gegenüber vom Römerbad, in der Römerbadpassage, kann man sorglos im exklusiven Kranzelbinder-Sortiment stöbern.

Pörtschach am Wörthersee: Im Herzen von Pörtschach, direkt am Monte-Carlo-Platz, an der idyllischen Flaniermeile, wo man Bars, Alpen-Adria-Kulinarik und berauschende Champagnerfeste findet, liegt die „lake+art+gallery" der Familie Kranzelbinder. Der 40 Millionen Jahre alte Versteinerte Wald, das Kristallkino im Kellergewölbe und die beleuchtete Rosenquarz-Romantiksitzbank sind nur drei von vielen Top-Highlights.
An allen Standorten stehen Tradition, Qualität, Service und professionelle Beratung an oberster Stelle. Mit Hilfe der Familie Kranzelbinder findet jeder sein persönliches Schmuckstück und sinnliches Kult-Interieur.

Weißgold-Armreifen mit Brillanten und pinken Turmalin-Tropfen

Lupenreiner Bergkristall-Ring in platiniertem Sterling-Silber gefasst

Gelbgoldring mit Feueropal

Weißgold-Gelbgold-Ring mit Titanit

Bad Kleinkirchheim

Am Südbalkon der Nockberge, umgeben von 1.000 Wanderideen und seltenen Naturwundern des Nationalparks, ist Bad Kleinkirchheim das Herzstück liebevoller Gastlichkeit in allen Kategorien.

Von den Bergen in die Thermen

Wellness-Oasen und berauschende Plätze bieten Erholung, Speik-Stationen laden zum Verweilen ein, Golfinteressierte tummeln sich auf dem 18-Loch-Golfplatz Kaiserburg. Im Winter stehen Ihnen über 100 bestens präparierte Pistenkilometer zur Verfügung. Schifahren, Snowboarden oder Langlaufen – Sie haben die Wahl.

Die beiden Thermen Römerbad und St. Kathrein versprechen Erholung und sanftes Wohlgefühl. Der Körper, umhüllt von wohliger Wärme, inmitten attraktiver, sanfter Landschaft. In der Beauty- und Massageabteilung dürfen Sie sich verwöhnen lassen, in den Thermen einfach abtauchen.

Und als Urlaubszuckerl: Erleben und genießen Sie viele Vorteile mit der neuen Bad Kleinkirchheim Card! Naturerlebnis, Sport und Familie – alles, was Ihren Urlaub in Bad Kleinkirchheim noch schöner macht, können Sie mit der neuen Bad Kleinkirchheim Card inklusiv erleben. So macht URLAUB Spaß und schont die Geldbörse. Herzlich willkommen!

Bad Kleinkirchheim Tourismus

Dorfstraße 30
9546 Bad Kleinkirchheim

Tel.: +43 (0) 4240 / 8212
info@badkleinkirchheim.at
www.badkleinkirchheim.at

Der Schiweltcup- und Thermenort in den Nockbergen verspricht Wohlfühlgenuss auf höchstem Niveau

Fotos: Bad Kleinkirchheim Tourismus

SPEICK Naturkosmetik

SPEICK Naturkosmetik entwickelt und produziert sein umfangreiches Sortiment mit den Serien SPEICK Natural, SPEICK Men, SPEICK Thermal und Made by SPEICK ausschließlich am deutschen Standort in der Region Stuttgart.

Seit 1928 steht das Familienunternehmen SPEICK Naturkosmetik für konsequent natürliche Körperpflegeprodukte, die weltweit exklusiv den einzigartigen Extrakt der hochalpinen Speick-Pflanze aus kontrolliert biologischer Wildsammlung (kbW) enthalten.

Verantwortung für Mensch und Natur

Der Speick wird seit Jahrhunderten für seine harmonisierende Wirkung geschätzt und in den Kärntner Nockbergen zwischen 1.800 und 2.400 Höhenmetern in liebevoller Handarbeit von Almbauernfamilien geerntet. SPEICK Naturkosmetik ist eng verbunden mit den Familien, für die das Ernte-Einkommen einen wichtigen Bestandteil ihrer Existenz ausmacht. Überdies ist das Unternehmen intensiv und vielschichtig mit der gesamten Region Nockberge verknüpft.

SPEICK Naturkosmetik entwickelt und produziert sein umfangreiches Sortiment mit den Serien SPEICK Natural, SPEICK Men, SPEICK Thermal und Made by SPEICK ausschließlich am deutschen Standort in der Region Stuttgart.

Fotos: Speick Naturkosmetik

SPEICK Naturkosmetik
Walter Rau GmbH &
Co. KG Speickwerk

Benzstraße 9
D-70771 Leinfelden-Echterdingen

Tel.: +49 (0)711 16 13 – 0
Fax: +49 (0)711 16 13 – 100
info@speick.de
www.speick.de

Harmony's Hotels

Harmony's Hotels****

Kirchheimer Weg 6
9546 Bad Kleinkirchheim

Tel.: +43 (0) 4240 / 8711
Fax: +43 (0) 4240 / 8722
info@hhbkk.at
www.harmonys.at

Die „Harmony's Hotels" im Thermen- und Kurort Bad Kleinkirchheim bilden die zwei traditionsreichen 4-Sterne Häuser Kirchheimerhof und Prägant. Ausgezeichnete Kulinarik, Wellness auf höchstem Niveau und die bekannte Kärntner Herzlichkeit bieten „Urlaub vom Alltag" im Einklang mit der Natur.

Alpine Urlaubswelt für Groß & Klein

Umgeben von der atemberaubenden Naturkulisse des Nationalparks Nockberge befinden sich die Hotels in perfekter Ausgangslage für den aktiven Urlaub in den Bergen: im Winter an der Piste gelegen, im Sommer steigen Sie direkt vor der Hoteltüre in das weitläufige Wanderwegenetz ein.

Genuss und Wellness für Paare wie auch Familien erwarten Sie im „Harmony's Hotel Kirchheimerhof", eingebettet in einen großen Naturpark mit einzigartigem Panoramablick. Kulinarische Highlights mit Produkten aus der Region und der eigenen Landwirtschaft mit Limousin-Rinderzucht verwöhnen nach Kärntner Art. Der großzügige Spa-Bereich auf über 2.000 m² ist nach einem ereignisreichen Tag in der Natur und an der frischen Bergluft der perfekte Rückzugsort. Wie wäre es z. B. mit einer wohltuenden Massage mit Speick-Naturkosmetik-Öl, dem Extrakt einer heimischen Baldrianpflanze, die entspannt, ohne müde zu machen, während die Kinder im Kids-Club bestens versorgt sind.

Das „Harmony's Hotel Prägant", das kuschelige Hotel für Individualisten, liegt auf der Sonnenseite von Bad Kleinkirchheim und gleich gegenüber der Therme „Römerbad" und der Talstation der Gondelbahn Kaiserburg. Das Hotel ist seit jeher ein liebevolles Refugium für Alltags- und Klischeeflüchtige und strahlt wohlige Lebensfreude aus. Abseits der gewohnten Urlaubswege wird Aktiv-, Romantik- und Selfness-Urlaubern eine kleine, sehr feine und individuelle Wohlfühlwelt geboten. Zwischen den Themenzimmern „Sonne", „Venus", „Mond" und „Erde", einem 5.000 m² großen Garten und dem Wellness-Bereich finden sich noch viele weitere Wohlfühl-Nischen!

Der Kirchheimerhof bietet Wellness und Genuss für Paare und Familien mit einem einzigartigen Panoramablick. Das Hotel Prägant ist das kuschelige Hotel für Romantik- und Selfness-Urlauber, die eine kleine und individuelle Wohlfühlwelt für ihren Urlaub suchen.

Thermenhotel Ronacher

Seit dem Mittelalter pilgern Adelige und Bürger in die Nockberge zur Heilquelle neben dem heutigen Thermenhotel Ronacher. An dieser wohltuenden Quelle befindet sich ein touristisches Highlight Kärntens: das bestbewertete Thermenhotel Österreichs mit einer über 4.500 m² großen Thermen- und Wohlfühlwelt. Es ist zugleich das erste und bislang einzige Hotel Kärntens in der Höchstkategorie Fünf Sterne Superior.

Die Therme der KärntnerInnen

Zentral im Herzen Kärntens gelegen ist die Ronacher Thermenwelt schnell erreichbar – ideal für Kurzurlaube. Vor allem aber sind die Thermalbecken und Pools mit den Relaxrefugien, das Fitnesscenter, der privat buchbare orientalische Panorama-Spa „1001 Nacht" und das großzügige Saunadorf mit Grotten und Meditationshaus zeitlich sehr gut nutzbar: am Anreisetag bereits ab früh morgens und abends bis 21 Uhr – auch am Abreisetag. So bleibt genug Zeit für das exzellente Beauty- und Massageresort mit 21 individuellen Behandlungsräumen.

Hochgenuss für Leib und Seele inklusive

Einzigartig im Thermenhotel Ronacher: Zwei-Hauben-Küche und ein Kulturprogramm der Spitzenklasse sind im Halbpensionstarif inkludiert! Und das alles zum besten Preis-Leistungs-Verhältnis. „Frühstücken wie ein Kaiser" bis 12 Uhr am „Feinkostladen"-Frühstücksbuffet bereits am Anreisetag – täglich 5-gängiges 2-Hauben-Gourmet-Diner – eigene Feinkost-Manufaktur und extra gemütliches Bademantel-Tagesrestaurant.
Wellness für Geist und Seele: Leselounge und Bibliothek – Pianobar und Kino – Audiothek mit iPods – Kultureller Höhepunkt immer im Juni: die KULTURGASTSPIELE mit großen Bühnenstars auf der kleinen Ronacher Festspiel-Bühne sowie im romantischen St. Kathrein Kircherl, dem Ursprung der Heilquelle.

Thermenhotel Ronacher
The 5-Star SPA
in Bad Kleinkirchheim

Fünf Sterne *****s
Vier Lilien
Zwei Hauben

Familie Ronacher
Thermenstraße 3
9546 Bad Kleinkirchheim

Tel: +43 (0) 4240 / 282
Fax: +43 (0) 4240 / 282-606
thermenhotel@ronacher.com
www.ronacher.com

Für Kulturgastspielkarten oder Feinkostprodukte aus dem Ronacher Genuss-Shop ist ein Bestell- & Versandservice an der Rezeption und auf der Homepage eingerichtet. Gutscheine für zauberhafte Wellnesstage kann man sich sogar schnell selbst zu Hause ausdrucken unter *www.ronacher.com*.

Hotel Trattlerhof

Hotel Trattlerhof

Gegendtalerweg 1
9546 Bad Kleinkirchheim

Tel.: +43 (0) 4240 / 8172
Fax: +43 (0) 4240 / 8124
hotel@trattlerhof.at
www.trattlerhof.at

Das Traditionshotel Trattlerhof liegt eingebettet in den Nationalpark Nockberge, eine der schönsten Landschaften Kärntens. In heimeliger Atmosphäre, gediegenen Stuben und gepflegter Gastronomie bietet das Haus, je nach Wunsch, einen erholsamen oder einen sportlich-aktiven Urlaubsgenuss.

Ferienerlebnisse mit alpinem Charme

Das umfangreiche Angebot, die wundervolle Natur, die schönen Thermalbäder sowie die weitläufigen Pisten und Loipen direkt ab Hotel machen den Aufenthalt im Trattlerhof zu einem unvergesslichen Erlebnis. Der Trattlerhof verwöhnt außerdem mit einzigartiger Kulinarik aus traditionellen Schmankerln, ausgesuchten Weinen von renommierten Winzern, Galaabenden mit Live-Musik und bietet viele Attraktionen, wie zum Beispiel Fackelwanderung mit Pferden und Ponys und „Swing & Chill"-Jazzveranstaltung in der Trattlers Einkehr an. Wahlweise speisen die Gäste in uriger Kärntner Atmosphäre im Hüttenrestaurant Trattlers Einkehr. Die hoteleigene großzügige Bade- und Saunalandschaft lädt zum Entspannen nach dem Schifahren oder

Die Vielfalt der Region bietet ein Naturparadies mit unzähligen Freizeitaktivitäten inmitten der herrlichen Natur Kärntens und macht jeden Tag zu einer einzigartigen Begegnung.

Wandern ein. Hot-Whirlpool, Romantikliegebereich, ein großes Schwimmbecken, Solarium, Infrarotkabine und die Wellnessanlage mit finnischer Sauna, Dampfbad, Naturkosmetikbehandlungen sowie Ruheraum und Freiluftbereich unterstreichen das Wohlgefühl direkt vor der herrlichen Kulisse der Berge.

Die Thermal-Bäder St. Kathrein und Römerbad sind nur ein paar gesunde Gehminuten vom Hotel entfernt. Die Therme St. Kathrein ist Familienbad, Kurtherme und Gesundheitswelt auf 1.200 m². Die Therme Römerbad ist auf 12.000 m² mit drei Wellnessebenen ein wahrer Wellness-Tempel.

Der Bergsommer in Bad Kleinkirchheim lässt für Sportler und Erlebnishungrige keine Wünsche offen. Die Vielfalt der Region bietet ein Naturparadies mit unzähligen Freizeitaktivitäten inmitten der herrlichen Natur Kärntens und macht jeden Tag zu einer einzigartigen Begegnung. Wie jedes Jahr lassen sich Trattlers Hofleute zahlreiche Erlebnispauschalen einfallen, wie zum Beispiel: Reitfreunde-Wochen mit Reitinklusivpauschalen, Pferdeerlebnis-Tage mit einer Pferdetherapeutin, „Winzer am Berg" mit Weinverkostungen, Golfspiel-Wochen an 6 verschiedenen Golfplätzen in Kärnten, Calé-Schönheitstage mit Kärntner Naturkosmetik und „Kuscheltage" für die romantische Zweisamkeit.

Millstatt

Marktgemeinde Millstatt

Marktplatz 8
9872 Millstatt

Tel.: +43 (0) 4766 / 2021-0
Fax: +43 (0) 4766 / 2021-20
gemeinde@millstatt.at
www.millstatt.at

Eingebettet in eine einmalige landschaftliche Kulisse hat Millstatt am Millstätter See neben einer historisch und kulturell bewegten, interessanten Vergangenheit auch eine architektonisch einmalige Szenerie zu bieten.

Architektonische Einzigartigkeit am See

Die Tradition Millstatts als Tourismusort und „fashionabler Kurort" datiert bis in die 70er Jahre des 19. Jahrhunderts zurück und stellt auch heute die zentrale und zukunftsträchtige Ressource für den Ort dar. Millstatt hat sich seinen historisch, künstlerisch und architektonischen Charakter und Charme erhalten, aber gleichzeitig die Lebensqualität der Bürger und die touristischen Angebote im Sinne einer modernen und zeitgemäßen Ausrichtung kontinuierlich weiterentwickelt. Ein weiterer Schritt in diese Richtung ist der Bau des ersten „Kärntner Badehauses". Geplant wurde das Badehaus in einheitlichem Stil von den Architekten Herwig und Andrea Ronacher aus Hermagor, die Bauweise ist an die Seen-Architektur von 1900 angelehnt, die sich durch Längsstreckung, Öffnung zum See und die zusätzlichen beiden Turmbaukörper kennzeichnet. Um nahezu allen Bereichen Orientierung zur Seeseite zu ermöglichen, wurde ein längsgestreckter Baukörper ent-

wickelt, der sich zum See hin wesentlich stärker öffnet als zu den übrigen Seiten. Mit den beiden Turmbaukörpern bildet die Gesamtanlage einen Hof. Das architektonische Juwel ist „klein & fein" gestaltet, bietet 35 Grad warmes Wasser direkt am See und ermöglicht in Kombination mit dem warmen Ruhebereich und der See-Sauna eine ganzjährige See-Nutzung. Das höchst effiziente Öko-Badehaus in Passivhausqualität ist hoch innovativ, umfasst einen Beauty- und Massagebereich mit sieben Räumen, helle, ruhige und warme „Wellness-Wohnzimmer" mit insgesamt 150 Liegen. Die Wasserattraktion besteht aus einem kleinen Infinity-Pool mit 35 °C warmem Wasser, der das Gefühl weckt, in den See hinauszuschwimmen. Ein kleiner Restaurantbereich mit Alpen-Adria-Kulinarik, Show-Küche und Lounge-Bestuhlung ergänzt das Angebot.

Das architektonische Juwel ist „klein & fein" gestaltet, bietet 35 Grad warmes Wasser direkt am See und ermöglicht in Kombination mit dem warmen Ruhebereich und der See-Sauna eine ganzjährige See-Nutzung.

Hotel Weissenseerhof

Hotel Weissenseerhof
Neusach 18
9762 Weissensee

Tel.: +43 (0) 4713 / 2219
Fax: +43 (0) 4713 / 2219-500
rezeption@weissenseerhof.at
www.weissenseerhof.at

Direkt am glasklaren Weissensee in Kärnten liegt an einem der idyllischsten Orte Österreichs das Hotel Weissenseerhof****. Auf 930 m Seehöhe befindet sich ein Ort mit besonderer Magie, Zimmern, Suiten, Appartements zum Wohlfühlen sowie einem Gourmetrestaurant der besonderen Art.

Gastlichkeit und feinste Küche

Das Hotel Weissenseerhof bietet seinen Gästen kulinarische Köstlichkeiten der österreichischen und internationalen Küche. Ausgezeichnet von Gault Millau mit einer Haube, prämiert mit zwei Sternen von Falstaff und seit Neuestem auch gekrönt mit einer Grünen Haube. Die „Grüne Haube" steht seit 1990 österreichweit für leichte Naturküche, die den Ansprüchen unseres heutigen Lebens gerecht wird. Die Hotelbar bietet außerdem ein vielfältiges Angebot an erfrischenden und wohlschmeckenden Säften und Cocktails und eine sorgfältige Auswahl an nationalen und internationalen Weinen der Spitzenklasse. Alle 30 Zimmer und Suiten haben Seeblick, sind mit Naturbetten von Dormo Novo ausgestattet und frei von Elektrosmog. Zudem ist das Areal des Hotels Weissenseerhof ein Nichtraucher-Paradies, somit genießen Gäste des Hauses frische und unverfälschte Luft im Innen- und Außenbereich.

Erholung im Naturpark Weissensee

Das Hotel ist auch der perfekte Ausgangspunkt, um die Natur am Weissensee in vollen Zügen zu genießen. Dafür eignet sich besonders der hoteleigene Elektro-Fuhrpark, der im Sinne der sanften Mobilität ständig erweitert wird. Im Haus befinden sich ein heller, hochmodern ausgestatteter Fitnessraum sowie ein Wellnessbereich der Extraklasse. Der neu gestaltete Schwimm- und Saunabereich im angeschlossenen Appartementhaus und die Seesauna garantieren außerdem erholsame Stunden in stilvollem Ambiente und laden zum Krafttanken und erholsamen Entspannen ein. Die beeindruckende Naturschönheit der Region Weissensee, die herzliche Gastfreundschaft in unserem Haus und die kulinarischen Genüsse unserer prämierten Gourmetküche werden Ihnen unvergessliche Stunden im Hotel Weissenseerhof bereiten.

Die beeindruckende Naturschönheit der Region Weissensee, die herzliche Gastfreundschaft in unserem Haus und die kulinarischen Genüsse unserer prämierten Gourmetküche werden Ihnen unvergessliche Stunden im Hotel Weissenseerhof bereiten.

Seehotel Engstler

Golf- und Seehotel Engstler
Familie Nasarow-Engstler

Am Corso 21
9220 Velden am Wörthersee

Tel.: +43 4274 / 2644-0
Fax: +43 4274 / 2644-44
info@engstler.com
www.engstler.com

An einem der schönsten Plätze am Wörthersee liegt das Golf- und Seehotel Engstler im Zentrum von Velden. Direkt neben dem Spielcasino bietet das First-Class-Haus erholsame Ruhe zur Seeseite und auf der anderen Seite das prominente High Life von Velden.

Das Hotel

Im Hotel herrscht eine freundliche, familiär-persönliche Atmosphäre, die modern eingerichteten Zimmer verfügen über Balkon oder Terrasse und laden zu einem herrlichen Blick auf den See ein. Nach dem Frühstück auf der Gartenterrasse bieten sich dem Gast unzählige Möglichkeiten, um sich den Urlaubstag zu verschönern und die Seele baumeln zu lassen: Schwimmen im kristallklaren See oder im beheizten Swimmingpool, Sonnenbaden am privaten Badestrand mit Bar, Saunieren in der Panorama-Seesauna, Relaxen in der Dampfgrotte und wohltuende Massagen aus professionellen Händen.
Köstlichkeiten aus der österreichischen Küche und mediterrane Kochkunst sowie erlesene Weine sorgen für das leibliche Wohl. Das Küchenteam überrascht täglich mit mehrgängigen Feinschmeckermenüs, erlesenen Themenbuffets oder gemütlichen Grillabenden auf unserer Gartenterrasse mit romantischem Blick zum See.

Exklusiv für Golfer: Das Hotel beschäftigt einen erstklassigen Golf-Professional, der allen Gästen in der hoteleigenen Golfschule kostenlos zur Verfügung steht.

Das Golfparadies am Wörthersee

Exklusiv für Golfer: Das Hotel beschäftigt einen erstklassigen Golf-Professional, der allen Gästen in der hoteleigenen Golfschule kostenlos zur Verfügung steht. So kann er zum Beispiel in der modernen Indoor-Golfanlage den Schwung via PC/Videocontrol analysieren, auf dem Putting-Green mit Blick auf den Wörthersee wichtige Tipps geben oder beim Chippen und Pitchen im großzügigen Hotelgarten die Schlagtechnik verfeinern.

Seehotel Enzian

Auf der Sonnenseite des Weissensees liegt das romantische, familiäre Seehotel Enzian, das schon in vierter Generation von der Familie Cieslar geführt wird. Das Haus liegt inmitten eines Landschaftsschutzgebietes an der schönsten Stelle des Sees und verbindet das Flair der 30er Jahre mit dem Komfort des neuen Jahrtausends.

Paradies am See

Frei von Durchzugsverkehr bietet der heilklimatische Luftkurort ideale Voraussetzungen für echte und vor allem nachhaltige Entspannung. Der Weissensee ist der ideale Ort für das Berg-und-See-Erlebnis: Im Sommer erwärmt er sich auf 24 Grad, im Winter wird er zur größten Natureisfläche Europas.

Das auf 100 Pfählen schwebende „Enzian-Highlight" ist der Seespa, eine gelungene Symbiose aus Architektur und Natur, mit Sauna, Dampfbad, Ruheraum und einem atemberaubenden Blick über das Wasser.

Gekocht wird im Enzian mit möglichst naturbelassenen Produkten und Kräutern aus dem eigenen Garten, Gaumenfreuden, auf die man sich den ganzen Tag freut. Das Enzian gehört zu den zertifizierten Kärntner Seenwellness-Hotels und darf sich über die Auszeichnung mit einer Lilie im Relaxguide 2012 freuen.

Der Weissensee ist der ideale Ort für Berg- und See-Erlebnisse: Im Sommer erwärmt er sich auf 24 Grad, im Winter wird er zur größten Natureisfläche Europas.

Seehotel Enzian****
Familie Cieslar

Neusach 32
9762 Weissensee

Tel.: +43 (0) 4713 / 2221
Fax: +43 (0) 4713 / 2221-430
enzian@cieslar.at
www.cieslar.at

See-Spa Enzian

Almwellnesshotel Tuffbad

Almwellnesshotel
Tuffbad****superior
Familien Oberluggauer
& Obernosterer

Tuffbad 3
9654 St. Lorenzen

Tel.: +43 (0) 4716 / 622
Fax: +43 (0) 4716 / 622-55
info@almwellness.com
www.almwellness.com

Ganz hinten im Lesachtal erstreckt sich vor den Augen des Besuchers eine Landschaft wie vor hundert Jahren. In dem Tal, das schon zum „umweltfreundlichsten Tal Europas" und zu „Europas Landschaft des Jahres" gewählt wurde, findet man drei Kilometer abseits der Bundesstraße das Almwellnesshotel Tuffbad.

Ein Paradies mitten im Nichts

Nach der Anreise begrüßt Chef Egon Oberluggauer vergnügt seine Gäste in einem modernen Hotel im Alpinstil. Dazu gesellen sich eine gemütliche, ausgefeilte Wellness-Anlage, eine feine Küche, Dolomitenblick und rundherum nur traumhafte Kulisse mit glasklarer Luft. Der Name Almwellness spiegelt sich auch im Programm des Tuffbad. Die Alm war bereits da, für die Wellness wurde im Hotel gesorgt. Hier wird dringend empfohlen, auf der faulen Haut zu liegen. Auf 1.500 m² schwitzt man angenehm in einer der zehn verschiedenen Saunen mit freier Temperaturwahl zwischen 35°C im Brotbad bis hin zur 95°C in der Außensauna. Auch im Ganzjahres-Außenpool oder in einem der vielen verschiedenen Bäder lässt es sich perfekt entspannen.

„Wir wollten ein Haus erschaffen, in dem man Urlaub machen kann – so, wie wir ihn uns selber auch vorstellen", sagen Eva-Maria und Egon Oberluggauer. Die Energie an diesem Platz stimmt, und das bestätigen auch die Gäste. Zum Wohlgefühl tragen Möbel aus Naturholz, Himmelbetten und temperierte Wasserbetten in den Bauernstuben aus Fichtenholz mit Blick auf die Karnischen Alpen bei.

„Wir wollten ein Haus erschaffen, in dem man Urlaub machen kann – so, wie wir ihn uns selber auch vorstellen", sagen Eva-Maria und Egon Oberluggauer. Die Energie an diesem Platz stimmt, und das bestätigen auch die Gäste.

Die Heimat schmecken

Die Heimat spielt in der „Grünen Hauben"-Küche eine prominente Rolle. Die Produkte – größtenteils Bio – kommen aus der Region und werden auf der Speisekarte und beim Frühstücksbuffet extra ausgewiesen. Marmeladen, Säfte und Sirup produziert die Küche selbst. Einmal pro Woche gibt es für die Gäste sogar Brotbackkurse, und für die Aktiven bietet Wellness-Coach Erika zudem Yoga, Qi Gong, Aquajogging, Wirbelsäulengymnastik, Almwalking, Schneeschuhwandern und einiges mehr an. Auch im Wellness- und Beautybereich wird viel mit Heu, Arnika, Ringelblumen und Johanniskraut von den Wiesen aus der Umgebung gearbeitet. Reinstes Mineralwasser mit Kalzium, Magnesium, Sulfat und Hydrogencarbonat trinkt man aus fünf hauseigenen Brunnen, die auch viele Einheimische und Gäste nutzen, um Flaschen für zu Hause abzufüllen.

Fotos: Profer&Partner

Der Kärntner HeimatHerbst

Amt der Kärntner
Landesregierung,
Kompetenzzentrum
Bildung, Generationen
und Kultur,
UA Volkskultur und
Brauchtumswesen

Haus der Volkskultur
Bahnhofplatz 5
9020 Klagenfurt

Tel: +43 (0) 50 536 / 16277
abt6.volkskultur@ktn.gv.at
www.heimatherbst.at

Wenn in Kärnten die lauten Töne des Sommers verklingen, verwandelt sich die Landschaft in ein prächtiges herbstliches Farbenmeer. Am Ende eines langen und fruchtbaren Sommers ist die richtige Zeit angebrochen, um die Ernte einzuholen und die Produkte der Kärntner Bauern im feierlichen Rahmen zu präsentieren.

Die Kärntner sind bekannt dafür, Feste zu feiern und Köstlichkeiten der heimischen Produkte stolz präsentieren zu können. Ob auf dem Dorfplatz, in den gemütlichen Wirtshäusern und Bauernhöfen – Wirte, Bauern, volkskulturelle Vereine sowie Handwerker, Kunsthandwerker und die heimische Wirtschaft – veranstalten den Kärntner HeimatHerbst in mehr als 70 Kärntner Gemeinden mit über 120 Veranstaltungen.

Man riecht, staunt, tastet, kostet hier ein Stück heimischen Schafskäse, dort eine Scheibe Haussalami, dazu das köstliche Bauernbrot, frisch aus dem Ofen. Es riecht nach Bauernkrapfen und Gegrilltem, in den Krügen perlt der Most und jeder Bauer lässt stolz an seinem Schnaps nippen. Die Volkskulturvereine umrahmen dieses Fest mit Musik und laden zum Tanzen ein.

- Heimische Bauern – Bauernprodukte können direkt ab Hof probiert und regionale Köstlichkeiten mit nach Hause genommen werden. Dabeisein beim Erntedankfest, beim Mehlmahlen in einer urigen Mühle, der Bäuerin beim Brotbacken über die Schulter schauen.
- Bei den HeimatHerbst-Wirten gibt es herbstliche Schmankerln aus heimischen Produkten zu verkosten – gekocht nach Omas Rezeptbuch.
- Dabei kann man Brauchtum und überlieferte Kultur unter Einbindung der örtlichen Vereine in ihrer ursprünglichen Form erleben.
- Man kann ländliches Handwerk schätzen lernen und die Heimat in der Natur und in den Heimatmuseen erkunden.

Die HeimatHerbst-Gemeinden sind in der Zeit von Ende August bis Mitte Oktober beste Gastgeber und laden zum gemütlichen Miteinander – kehren Sie ein!

Mehr Infos zum Kärntner Heimat-Herbst unter www.heimatherbst.at

Wieder daheim sein ...

Der Herbst in Kärnten, eine „kost-bare Zeit". In malerischer Umgebung genießt man dankbar die heimischen „Früchte" unseres herrlichen, gesunden Landes. Es ist eine Zeit des Wohlfühlens, des Miteinanders und des Eingebundenseins bei Lied, Tanz und Brauchtum.

... und gemeinsam feiern ...

Der Kärntner HeimatHerbst ist eine Herbst-Veranstaltungsreihe von Kärntnern für Kärnten-Liebhaber und alle, die es noch werden wollen. Eintauchen ins Herbstbrauchtum bei Dorf- und HeimatHerbst-Festen, Erntedank und Almabtrieben. Kärnten erschmecken – in den vielen kulinarischen Schwerpunktregionen Rast machen und heimische Kost genießen. Sich mit den Einheimischen zu Hause fühlen. Teilhaben an der Freude über eine gute Ernte und ein erfolgreiches Jahr. Mitfeiern und dabei das Land mit seiner Vielfalt an Landschaft und Menschen kennen lernen.

Fotos: Kärntner HeimatHerbst

Bad Bleiberg

Tourismusinformation
Bad Bleiberg

Rondeau 149
9530 Bad Bleiberg

Tel.: +43 (0) 4244 / 31 306
Fax +43 (0) 4244 / 31 306
bleiberg.tourismus@aon.at
www.bad-bleiberg.at

Das Thermenhochtal Bad Bleiberg mit kultureller Bergbautradition liegt auf 920 m Seehöhe und ist Naturparkgemeinde. Eingebettet zwischen Dobratsch (2.166 m) und Erzberg (1.820 m) hat hier Mutter Natur besonders viele Blüten gestreut. Ob Baden im Heilwasser der Therme, beim Einatmen reinster Luft in den Heilklimastollen, beim Wandern im Naturpark Dobratsch, am Stollenwanderweg Erzberg oder bei sportlicher Betätigung auf den 5 Lauf-, Walking- und Gesundheitswegen, hier findet jeder Gast das, worauf er gerade Lust hat.

Gesundes Thermenhochtal

Mit dem Kurzentrum Bad Bleiberg**** und seiner modern ausgestatteten Therapieabteilung, der einzigartigen Kältekammer (bis -110 °C) und dem Heilklimastollen in 27 m Tiefe (erreichbar mit hauseigenem Lift) sowie der Acquapura im Hotel, Therme & Spa**** Falkensteiner Hotel & Spa Bleibergerhof bietet der rund 2.400 Einwohner zählende Ort neben weiteren Hotels, Pensionen, Ferienwohnungen und Appartements Platz für zirka 700 „naturhungrige" Gäste.
Zwei Heilklimastollen, „Thomas" und „Friedrich", sind Orte der Kraft. Hier erlebt der Gast warm eingepackt die Speläotherapie. Die Luft ist frei von allen Belastungen, unabhängig von der Außentemperatur. Das reine, feuchte Mikroklima führt zur Erleichterung der Atmung und Linderung bei chronischen Atemwegserkrankungen und Allergien.

Gesundheit sprudeln lassen, reinste Luft atmen, unberührte Natur erleben

Eintauchen, wo es vor Gesundheit sprudelt!

Die Therme Bad Bleiberg mit ihrem einzigartigen Heilwasser ist das höchstgelegene Thermen-Heilbad Österreichs. Ein Hallen-, Frei- und Kinderbecken, sowie Sauna und Dampfbad lassen Sie hier einen gesunden Thermentag erleben.

Mystische Wunderwelt im Berg! Nach Schließung des aktiven Bergbaus wurden aus dem ursprünglichen 1300 km langen Stollensystem des Bad Bleiberger Erzberges zwei faszinierende Schaubergwerke errichtet: „Die Wunderwelt im Berg" (Terra Mystica) und „Die Arbeitswelt der Bergleute" (Terra Montana). Mit einer 68 m langen Rutsche geht es ins Berginnere. Hier erlebt der Gast z. B. die Entstehung der Erde oder durchwandert ausgeerzte Zechen und Schrämstollen.

Sehenswert sind auch die sehr gut erhaltenen historischen Objekte, wie z. B. der Pulverturm, Rudolfschacht oder die Wohnobjekte der früheren Gewerkenfamilien Mühlbacher, Fugger, Holenia, Perscha, Sorgo, Jakomini usw. Auch die höchstgelegene Wallfahrtskirche Europas „Maria am Stein" befindet sich in dieser Naturparkgemeinde und ist Ziel vieler Pilger aus aller Welt.

Egal mit welchem Stress und welcher Hektik der Gast ankommt, schon bald erkennt er, dass hier die Zeit ihr Ziffernblatt verliert und Ruhe einkehrt. Landschaftliche Schönheit genießen und Gesundheit tanken im Thermenhochtal Bad Bleiberg.

Rettl 1868

Feinstes Schneiderhandwerk seit über 140 Jahren – tadellose Verarbeitung der ausschließlich besten Qualitäten – gepaart mit innovativem Design und Mut zu außergewöhnlichen Kreationen sind die Zutaten für den Erfolg der ehemaligen k.u.k. Uniformierungsanstalt aus Villach. Individualität steht an erster Stelle, und so werden bei Rettl 1868 alle Modelle nach den Wünschen und Ideen der Kunden nach Maß gefertigt.

Traditionell und voll im Trend

Weltberühmtheit hat Rettl 1868 mit seiner legendären Kilt-Kollektion und dem einzigartigen Kärnten Karo und dem Kärntner KILT erlangt, welche von vielen begeisterten Kunden voll Stolz auf der ganzen Welt zu feierlichen Anlässen getragen werden. „Rettl 1868 bekleidet Persönlichkeiten" – so lautet seit jeher der Leitspruch des Familienunternehmens und viele prominente Kunden zeugen davon. Kürzlich wurde sogar das britische Königshaus mit Modellen aus der Rettl-Kollektion ausgestattet. Mehr zu sehen gibt's im Shop in Klagenfurt, im Stammhaus in Villach oder auch im neuen RETTL & friends Lifestyle Magazin sowie unter www.rettl.com

Rettl 1868
Freihausgasse 12
9500 Villach

Tel.: + 43 (0) 4242 / 26855

Rettl 1868
Burggasse 8
9020 Klagenfurt

Tel.: +43 (0) 463 / 51 50 47
office@rettl.com
www.rettl.com

Rettl 1868 bekleidete schon viele Persönlichkeiten, früher Thronfolger Franz Ferdinand, Sportler wie Armin Assinger, Franz Klammer und Thomas Morgenstern, Showmaster Thomas Gottschalk, Oberschotten Sir Sean Connery sowie die britischen Royals

LeCabaret

LeCabaret

Am Corso 17
9220 Velden am Wörthersee

Tel.: +43 (0) 4274 / 51000
Fax: +43 (0) 4274 / 50760
lecabaret.booking@gmail.com
www.lecabaret.at

„In zu sein ist eine momentane Erscheinung, der Beste zu sein, eine Kunst."

(ALECCO, P1-Club-Besitzer der 60er Jahre)

Das LeCabaret im Herzen von Velden ist aus dem nächtlichen Treiben der 20- bis 60-jährigen Partygäste nicht mehr wegzudenken.

Nächtlicher Hot-Spot in Velden

2002 eröffnet, wurden der Club und die Terrasse 2010 einem kompletten Facelifting unterzogen und wieder auf den neuesten Stand von Design und Technik gebracht. Highlights wie Auftritte internationaler DJs und die eigens gegründete LeCabaret-Clubband bieten neben den erhöhten Logenbereichen, drei Bars, Tanzflächen und groovy Music bis in die frühen Morgenstunden viel Abwechslung im Programm. So wundert es auch nicht, dass auch Otto Retzer immer wieder den Weg ins LeCabaret findet. Ob er Spenden für die „Roten Nasen Clowndoctors" sammelt oder selber den Clown für seine und die Gäste des LeCabaret gibt – alle lauschen immer aufmerksam, wenn er die Menge unterhält.

Landeshauptstadt Klagenfurt

Fotos: Kunstverlag PEDA / Passau

Kulturabteilung der Landeshauptstadt
Klagenfurt am Wörthersee

Theatergasse 4, 2. Stock
9020 Klagenfurt

Tel.: +43 (0)463 / 537-5227
kulturraum@klagenfurt.at
www.kulturraum-klagenfurt.at

Mo-Do 7.30 bis 17 Uhr,
Fr 7.30 bis 13.30 Uhr

Klagenfurt ist immer einen Besuch wert …

Stadtgalerie Klagenfurt

Auf rund 1000 m² werden im Sommer Werke der klassischen internationalen Moderne gezeigt. Der Rest des Jahres steht ganz im Zeichen junger, internationaler Kunst. Im „Living Studio" kann man jungen KünstlerInnen beim kreativen Live-Schaffen zusehen, für das Kindermaskottchen „ARTur" wurde ein eigener Kreativ-Raum für Kinder eingerichtet, und im Foyer ist der ARTshop zu finden. www.stadtgalerie.net

Robert-Musil-Literatur-Museum

Das Geburtshaus des Dichters von Weltrang ist ein Treffpunkt für Literaturfreunde aus aller Welt. Im Ambiente des Nachlasses mit Ausstellungen von Robert Musil, Ingeborg Bachmann und Christine Lavant hat auch das zeitgenössische Literaturgeschehen ein Zentrum gefunden. Filmpräsentationen, Literaturveranstaltungen und die neue Literaturlounge machen Lust auf Kulturgenuss. Anlässlich des 130. Geburtstages von Robert Musil wurde das Museum 2010 erweitert. Die Fassadengestaltung mit Graffiti-Porträts von Musil, Bachmann und Lavant erfolgte durch den französischen Street-Art-Künstler Jef Aérosol. www.musilmuseum.at

Bergbaumuseum Klagenfurt

Auf 3.000 m² im ehemaligen Luftschutzstollen der Landeshauptstadt erfährt man die Geschichte des Kärntner Bergbaus. Fossilien, Saurierschädel, Knochenfunde, historische Bergbaumaschinen, eine Goldschmiede mit Werkzeugen und eine umfassende Mineralienausstellung vermitteln die Entwicklungsgeschichte der Erde. Zusätzlich gibt es jährliche Sonderausstellungen in der Felsenhalle. www.bergbaumuseum-klagenfurt.at

Foto: Dieter Resei
Foto: KK
Foto: Musikforum Viktring
Foto: fritzpress

Alle Kulturveranstaltungen der Landeshauptstadt Klagenfurt, Kulturnews und Links zu Kulturinstitutionen sowie die Veranstaltungen der Kulturabteilung sind tagesaktuell am Kulturserver www.kulturraum-klagenfurt.at abrufbar.

Gustav Mahler Komponierhäuschen

Der geniale Komponist brauchte zur Inspiration die Ruhe der Natur. Er fand sie in Klagenfurt/Maiernigg am Wörthersee, wo er 1900 sein Komponierhäuschen bauen ließ. Hier schuf er in den Sommern bis 1907 seine Hauptwerke. Heute ist das Komponierhäuschen eine Pilgerstätte für Mahlerianer aus der ganzen Welt. Im Museum werden Ausstellungen, Veranstaltungen sowie Gustav Mahlers Musik geboten. www.gustav-mahler.at

kulturRaum Klagenfurt

Seit 2009 setzt der kulturRaum Klagenfurt mit vielen Aktivitäten und der Installation eines Kulturservers innovative Impulse. Kultur im öffentlichen Raum, die Wiedereinführung des Stadtschreibers, die Vergabe von Stipendien oder der Aufbau eines Kulturnetzwerkes entstanden auf Initiative des kRK. Weiters ist die Kreativwirtschaft Klagenfurt im kulturRaum verankert. www.kulturraum-klagenfurt.at

Foto: KK

Klagenfurt am Wörthersee

Klagenfurt Tourismus

Neuer Platz 1
9010 Klagenfurt

Tel.: +43 (0) 463 / 537-2223
tourismus@klagenfurt.at
www.klagenfurt-tourismus.at

Die südlichste Landeshauptstadt Österreichs ist das historische, wirtschaftliche und kulturelle Herz der Region Kärnten. Die Anziehungskraft der Lindwurm-Stadt geht aber weit über die Grenzen des Landes hinaus, sie hat sich als wichtige Drehscheibe im Alpen-Adria-Raum positioniert.

Das pulsierende Herz im Alpen-Adria-Raum

Die einzigartige Lage am Wörthersee, die vielen Park- und Grünanlagen, die wunderschöne Altstadt und die historischen Bauten und Denkmäler machen die Stadt zu etwas ganz Besonderem. Klagenfurt ist ein aufstrebendes und pulsierendes Zentrum von Wirtschaft, Kultur, Bildung und Sport. Trotz moderner architektonischer Einflüsse ist die historische Substanz des Zentrums und der Gebäude, Schlösser und Kirchen des Stadtgebietes erhalten geblieben. Diese Mischung aus Vergangenheit und Moderne macht einen bedeutenden Teil des Flairs von Klagenfurt aus.
Ein einzigartiges Juwel, auf welches die Klagenfurterinnen und Klagenfurter zu Recht stolz sind, ist das Altstadt-Zentrum mit seinen Fußgängerzonen, historischen Passagen und den öffent-

Klagenfurt ist ein aufstrebendes und pulsierendes Zentrum von Wirtschaft, Kultur, Bildung und Sport. Trotz moderner architektonischer Einflüsse ist die historische Substanz des Zentrums und der Gebäude, Schlösser und Kirchen des Stadtgebietes erhalten geblieben.

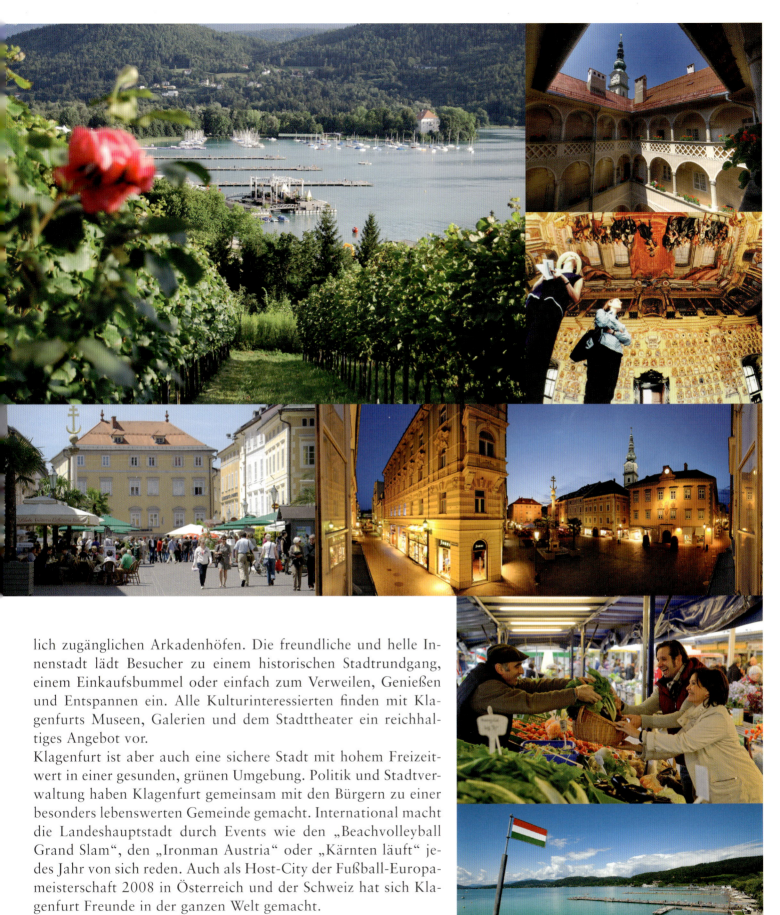

lich zugänglichen Arkadenhöfen. Die freundliche und helle Innenstadt lädt Besucher zu einem historischen Stadtrundgang, einem Einkaufsbummel oder einfach zum Verweilen, Genießen und Entspannen ein. Alle Kulturinteressierten finden mit Klagenfurts Museen, Galerien und dem Stadttheater ein reichhaltiges Angebot vor.

Klagenfurt ist aber auch eine sichere Stadt mit hohem Freizeitwert in einer gesunden, grünen Umgebung. Politik und Stadtverwaltung haben Klagenfurt gemeinsam mit den Bürgern zu einer besonders lebenswerten Gemeinde gemacht. International macht die Landeshauptstadt durch Events wie den „Beachvolleyball Grand Slam", den „Ironman Austria" oder „Kärnten läuft" jedes Jahr von sich reden. Auch als Host-City der Fußball-Europameisterschaft 2008 in Österreich und der Schweiz hat sich Klagenfurt Freunde in der ganzen Welt gemacht.

Fotos: Klagenfurt Tourismus/Gerdl, Stadtpresse Klagenfurt, Fritzpress, Schrottshammer

Bistro „151"

Bistro „151"

Höhenweg 151
9073 Klagenfurt

Tel.: +43 (0) 463 / 281653
bistro151@aon.at
www.bistro-151.at

Um den Spirit und die Seele dieses Ortes zu beschreiben, muss man hier gewesen sein. Es gibt nichts Vergleichbares. Außer auf Ibiza. Draußen im Zaubergarten wie drinnen unorthodoxe Engel, flackernde Kerzen, Kristallleuchten und Kamine, antikes Piano und noch antikere Nachtkästchen.

151. Drei Ziffern für ein Halleluja

Patina und Publikum? Geben sich einig die Hand. Die Ausrichtung der Einrichtung will überlegt sein. Notfalls nächtelang, bis das Konzept stimmt. Einer darf dabei nie fehlen: Inhaber Heinz Piber, als Mastermind fixes Inventar. In der verbleibenden Zeit wohnt er eine Etage über seiner Location.
Bei den Gästen der mittlerweile „dritten Ausgehgeneration", wie Pächter Mischa Bauer sie nennt, ist vom Künstler bis zum Generaldirektor alles drin und gern gesehen. Drin bzw. drauf ist beim

Ibiza-Flair in der legendären Institution am Wörthersee. Die Speisekarte mit Format bestimmen vorwiegend die 151-Bistro-Classics. Barflies umschwärmen die Cocktail-Klassiker.

151er auch wieder eine Haube. Vor Jahren hat man sie noch zur Verwunderung aller abgelehnt. Aber, so Bauer: „Die Haube war damals noch wie ein Korsett, es war so unheimlich still, dass wir unsere eigenen Schritte hören konnten." So bestimmen die 151-Bistro-Classics die überformatige Speisekarte mit allerlei Reminiszenzen an die 70er. Feinstes Rindspaillard etwa, knuspriges Backhendl, krosses Wiener Schnitzel oder cremiger Shrimpscocktail. Alle 14 Tage neu kommen saisonale Köstlichkeiten wie Wild-, Fisch-, Kürbis- oder Spargelspezialitäten daher. Begleitet von Weinen österreichischer Winzer, die parallel zum 151er „groß geworden" sind. Umrahmt von Cocktail-Klassikern wie James Bond. Und natürlich der legendären Musik. DJ-Größen, auch internationale, drehen an den Plattentellern und verwandeln das Speiselokal jeden Freitag in die legendärste Bar am Wörthersee.

Man ist sich dem Motto treu, ein wendiges Lokal mit „Macken" sein und bleiben zu wollen. Geschmeidigkeit überlässt man lieber den anderen …

Fotos: Karlheinz Fessl

Cafe Bar Restaurant Sunsetclub

Der Sunsetclub Klagenfurt lässt direkt über dem Wasser den legendären Lifestyle des Wörthersees wiedererwachen. Durch seine leichten, lichtdurchlässigen Materialien und die Einrichtung im Retro-Stil der 70er Jahre blüht im Sunsetclub das Lebensgefühl der berühmten Promi-Zeit am Wörthersee wieder auf.

Lifestyle – direkt auf dem Wasser

Maritime, weiß getünchte Holzträger machen die Sonne und das Wasser zu den Protagonisten des Szene-Lokals, das die Gäste mit italophil-mediterraner Küche verwöhnt. Egal ob im Café, in der Bar, dem Restaurant, der Lounge oder im Beach Club – überall genießt man einen perfekten Ausblick auf den Wörthersee und die umliegenden Berge. Die nach allen Seiten offene, luxuriöse Terrasse ist mit 500 m2 die größte Terrasse über dem Wörthersee.

Die Lage des Sunsetclubs ist optimal für Feriengäste, Kurzurlauber und Tagesgäste. Er liegt an der beliebten Flaniermeile des Nordufers, sämtliche großen Events des Sommers finden unmittelbar nebenan statt. Viele Wettbewerbe, zum Beispiel der Ironman, der Beach-Volleyball Grand Slam, die Regatten oder die großen Volkslauf-Veranstaltungen lassen sich von hier aus bequem beobachten. Durch seine Nähe zur Klagenfurter Stadtmitte ist der Sunsetclub auch optimal an das öffentliche Verkehrsnetz angebunden und liegt gleichzeitig in der Nähe von Universität und Lakeside Park. Mit vier eigenen Bootsanlegeplätzen ist die Top-Location direkt vom See erreichbar.

Der Sunsetclub bietet bis zu 220 Sitzplätze und ist ideal für Hochzeiten, Firmenveranstaltungen, Pressekonferenzen, Sommerfeste und mediale Vorführungen geeignet. Von Steh-Empfängen über exklusive Gala-Diners bis hin zu Buffetvarianten wird alles angeboten. Alle Bereiche sind wetterfest und beheizbar. Die multimediale Ausstattung, inklusive sieben hausintern bespielbarer Flatscreens, ermöglicht jede Art von moderner Präsentation während einer Veranstaltung.

Die Lage des Sunsetclubs ist optimal für Feriengäste, Kurzurlauber und Tagesgäste. Er liegt an der beliebten Flaniermeile des Nordufers, sämtliche großen Events des Sommers finden unmittelbar nebenan statt.

Cafe Bar Restaurant
Sunsetclub Klagenfurt
Metnitzstrand,
Klagenfurter
Ostbucht zwischen
Seebühne und Strandbad

Metnitzstrand 2
9020 Klagenfurt

Tel.: +43 (0)463 / 287200
info@sunsetclub.at
www.sunsetclub.at
Öffnungszeiten:
April bis Ende Oktober

Foto: Karlheinz Fess

Foto: Karlheinz Fessl
Foto: Karlheinz Fessl

Seepark Hotel – Congress & Spa

Seepark Hotel - Congress & Spa
Klagenfurt am Wörthersee

Universitätsstraße 104
9020 Klagenfurt

Tel.: +43 (0) 463 / 204499-0
Fax: +43 (0) 463 / 204499-739
info@seeparkhotel.at
www.seeparkhotel.at

Dort, wo der Wörthersee am schönsten ist, vereint das Seepark Hotel – Congress & Spa Geschäfts- und Urlauberleben auf faszinierende Art und Weise und bietet seinen Gästen eine beeindruckende Panoramasicht.

Direkt gegenüber der Universität Klagenfurt machen die abwechslungsreiche Umgebung des Wörthersees und die gleichzeitige Nähe zu den wichtigsten Attraktionen der Ostbucht und zur Klagenfurter Innenstadt das Hotel zum idealen Ausgangspunkt für individuelle Exkursionen. Das außergewöhnliche Design, die großzügige Wellness-Landschaft und die unmittelbare Nähe zum bekannten Schloss Maria Loretto erfüllen Business- und Urlaubsreisen zu jeder Jahreszeit und stehen für neuen Zeitgeist am Wörthersee.

Business & Wellness in exklusivem Design

Das Hotel verfügt über 142 Zimmer und Suiten in außergewöhnlichem Design und mit Blick auf den See oder zu den Karawanken. Die Ausstattung vermittelt ein Gefühl der Ruhe und des Wohlbefindens. Das Seepark Hotel verwöhnt mit abwechslungsreichen Köstlichkeiten aus dem Dreiländereck Italien, Slowenien und Österreich. Im Restaurant „Laguna" mit sonniger Terrasse

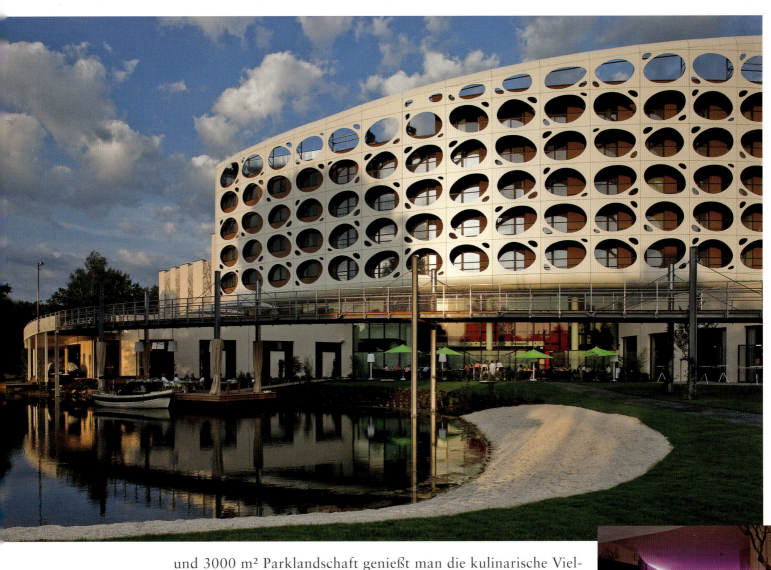

Das außergewöhnliche Design und die unmittelbare Nähe zum bekannten Schloss Maria Loretto sowie zur Klagenfurter Innenstadt, die direkt mit dem Lendwurm-Schiff über den Lendkanal erreichbar ist, stehen für neuen Zeitgeist am Wörthersee.

und 3000 m² Parklandschaft genießt man die kulinarische Vielfalt der Küche, die mit Sorgfalt frische, heimische Produkte zubereitet. Auch in der Weinkarte spiegelt sich das Thema „Alpe-Adria" wider, und man findet nicht nur Spezialitäten aus dem Raum Friaul, sondern auch aus allen bedeutenden österreichischen Weinbaugebieten. Das Getränkeangebot wird durch Kärntner Edelbrände, friulanischen Grappa sowie italienische und österreichische Kaffeespezialitäten abgerundet. Die kleine exklusive Terrasse in der Lagune liegt direkt am Lendkanal, ist mit dem Boot zu erreichen und für kleinere Gesellschaften zum Speisen in außergewöhnlicher Atmosphäre hervorragend geeignet. In der Bar „Rosso" können Sie den Tag entspannt bei einem Cocktail ausklingen lassen.

Die großzügige Wellness-Landschaft ist mit finnischer Sauna, Indoor-Pool, Dampfbad, Nebeleisgrotte und zwei Triologieräumen ausgestattet und bietet individuelle Beauty- und Wellness-Programme. Fünf klimatisierte multifunktionale Seminar- & Tagungsräume mit Tageslicht und modernster Konferenztechnik, teilweise kombinierbar für bis zu 200 Personen, bieten auf einer Gesamtfläche von 350 m² genügend Platz für eine angenehme Tagungs- und Arbeitsatmosphäre.

Hotel Park's

Hotel Park's ★★★★
Hinteregger & Söhne
Hotel GmbH

Seecorso 68
9220 Velden am Wörthersee

Tel.: +43 (0) 4274 / 2298 0
Fax: +43 (0) 4274 2298 726
office@parks-velden.at
www.parks-velden.at

Internationales Flair, Party Feeling und Casino-Glück – das ist Velden im Sommer! Nur wenige Gehminuten vom Zentrum entfernt residiert man am ruhigen Südufer des Wörthersees im Hotel Park's, umgeben von einer gepflegten Gartenlandschaft, mit lauschigen Plätzchen und Kuschelecken für Zeit zu zweit, direktem Seezugang und exklusivem Wellnessbereich. Eine exquisite Freiluft-Massage im Pavillon auf der Sonnenterrasse verspricht „Wellness-Feinschmeckern" einzigartigen Genuss und Südsee-Flair. Im SOL Beachclub mit Seerestaurant und Lake-Lounge oder im Hotelrestaurant genießen Gäste das traumhafte Ambiente und romantische Abende bei Dinner, Kerzenschein, coolen Drinks und Lounge-Musik.

Einfach mehr für Ihren Urlaub!

Einmal mehr zeigt sich das Geschick der Kärntner Hoteliersfamilie Wolfgang und Andreas Hinteregger, innovative, kreative Ideen mit einem jungen, engagierten Team umzusetzen, damit der Urlaub zu einem unvergesslichen Erlebnis wird.
Die lichtdurchflutete Lobby, ein herzliches Willkommen und südliches Ambiente lassen schon bei der Ankunft Urlaubsfeeling aufkommen und den Alltag schnell vergessen. 120 Zimmer im Haupthaus oder in der „Villa" erhalten durch individuelle Ausstattung ihren eigenen Charme. Seeseitig meist mit Balkon genießt man die herrliche Panorama-Aussicht auf den Wörthersee und die Veldener Bucht. Über den Skywalk gelangt man auch bei Schlechtwetter trockenen Fußes in den Wellnessbereich und taucht ein in die traumhafte Welt des Verwöhnens und Genießens: 1800 m^2 Spa mit Seezugang, Beauty- und Massagestudio überraschen mit einem 13 x 13 m großen überdachten Swimmingpool – Panorama-Seeblick inklusive. Auch während des Saunabesuchs muss man den Blick auf den See nicht missen, denn einen Aufguss genießt man am besten in einer der Panorama-Saunen.
Inmitten des Golflandes Kärnten gelegen ist das Hotel Park's idealer Ausgangspunkt für unzählige Sport- und Freizeitaktivitäten sowie Top-Events.

Foto: © creativimpuls

Eat, Meet, Drink, Relax ...

Im SOL Beachclub, an einem der atemberaubendsten Plätze am Wörthersee, bleiben keine Wünsche offen. Wer den Luxus liebt, landet stilecht mit dem Motorboot am Beach und lässt sich mit einem Glas Champagner verwöhnen, um danach am exklusiven Sandstrand zu relaxen. Kulinarisch zählt der SOL Beachclub mit seiner spannenden Küchen-Fusion „Asia meets Carinthia" und geschmackserlebnisreichen Gourmet-Festen mit Open-Air-Schauküche zu den Geheimtipps am Wörthersee.

Mit seiner einzigartigen Lage überzeugt das Hotel auch als Top-Location für Events, Hochzeiten und Seminare – denn eine schöne Umgebung beflügelt die Sinne und lässt spontane Ideen entstehen.

Foto: © creativimpuls

RE/MAX Immobilien

„Zünde ein Feuer an und erzähle von den Weiten des Meeres…"

Erfüllen Sie sich ihre Immobilien-Träume und finden Sie das Besondere, RE/MAX COLLECTION wird Sie dabei unterstützen, den besonderen Platz und IHRE besondere Immobilie zu finden.

RE/MAX Austria
c/o Dipl. Oec. Klaus-Peter Matheis

Bahnhofstraße 2
3300 Amstetten

p.matheis@remax.at
www.remax.at

Schon seit Jahren hat sich die Inhaberin Frau Doris Scarpatetti-Matheis darauf spezialisiert, vielen besonderen Menschen ihre Immobilien-Träume kompetent und loyal zu erfüllen.
Das südlichste Bundesland Österreichs bietet hierzu die besondere geografische Lage, in besonderer Umgebung besondere Immobilien zu bewohnen.
Die berauschende Farbenpracht der Natur im Frühling wie auch im Herbst, wunderschöne, heiße, mediterrane Sommer und tiefverschneite Berge mit außergewöhnlichen heimeligen Schigebieten lassen Sie eins werden mit der herrlichen Natur Kärntens.
Hohe Lebensqualität und die Achtung vor dem Eigentum jedes Einzelnen runden das Bild ab und lassen Sie eintauchen in das Rundum-Wohlfühl-Flair von Kärnten.
Wer möchte dort nicht seine besonderen Tage in einer besonderen Immobilie verbringen?
Flughafen und ein dichtes Verkehrsnetz von Autobahnen und Zugverbindungen bringen Sie schnell und staufrei an Ihren besonderen Ort in Kärnten.
Die nahen beliebten Städte wie Salzburg, Graz, Laibach, Venedig, das Friaul, die Südsteiermark sowie die vor der Haustür liegenden landesspezifischen Ausflugsziele bieten Ihnen Besonderes, lassen Sie die Besonderheit Kärntens spüren und erleben – ob eine Schi- und Wanderhütte in den Bergen, eine Villa am Wörthersee, ein Bootshaus an einem der vielen Seen, eine Luxusvilla in Stadtnähe, ein luxuriöses Anwesen mit „Weitblick", eine Ferienwohnung irgendwo in Kärnten – all dies kann Ihnen das einzige RE/MAX COLLECTION Büro in Velden für das Bundesland Kärnten anbieten.

Frau Scarpatetti-Matheis und ihr RE/MAX COLLECTION Team freuen sich über Ihre Anfragen und Ihren Besuch in dem besonderen RE/MAX COLLECTION Büro in Velden am Wörthersee, um Ihren Träumen ein Ziel zu geben:

„Die besondere Immobilie"

Weitere 10 RE/MAX COLLECTION Büros an den Hotspots in Österreich sind geplant, um flächenübergreifend die „besonderen Immobilien" an „besondere Interessierte" anzubieten.

Wer gemeinsam mit der weltgrößten Immobilienmakler-Marke RE/MAX expandieren und den höchstmöglichen Erfolg erzielen möchte, ist herzlich willkommen.

Bitte senden Sie uns Ihre Bewerbung und Ihre Anfragen an RE/MAX Austria Amstetten.

RE/MAX COLLECTION
Wörthersee Immobilien GmbH

Doris Scarpatetti-Matheis

Europaplatz 4
9220 Velden am Wörthersee

Tel.: +43 (0) 664 / 260 07 26
Fax: +43 (0) 4274 / 520 59
office@remax-lifestyle.at
www.remax-lifestyle.at

Engel & Völkers Immobilien

Engel & Völkers Wörthersee
Hans Hein Immobilien

Seecorso 3
9220 Velden am Wörthersee

Tel: +43 (0) 4274 / 23 555 100
Fax: +43 (0) 4274 / 23 555 110
woerthersee@engelvoelkers.com
www.engelvoelkers.com/at/woerthersee

Engel & Völkers ist eines der weltweit führenden Dienstleistungsunternehmen zur Vermittlung von Wohn- und Gewerbeimmobilien sowie Yachten im Premium-Segment. Seit Oktober 2010 ist die weltweit bekannte Marke auch in Kärnten am Wörthersee vertreten.

Die schönsten Immobilien in Kärnten

Auf zwei Stockwerken mit insgesamt 120 m2 in direkter Nachbarschaft zum „Schloss am Wörthersee" werden exklusive Wohnimmobilien aus dem gesamten Gebiet Kärnten vermarktet. Lizenzpartner/Inhaber Hans Hein, Büroleiter Alexander Hein und sein sechsköpfiges Team haben sich auf Beratung, Vermietung, Verkauf und Bewertungen für private und institutionelle Kunden spezialisiert. „Wir waren bereits im ersten Jahr sehr erfolgreich mit der Immobilienvermittlung, die große Nachfrage war insbesondere in der Sommersaison sehr stark", erläutert Hans Hein. Aber auch die Nebensaison entwickele sich vielversprechend und sei nicht zu unterschätzen. Die Kunden kommen vorwiegend aus Deutschland, der Schweiz, Österreich, dem Nahen Osten, Osteuropa, Russland und Italien. Die hervorragende Lage von Kärnten, speziell des Wörthersees, macht diese Region

Die hervorragende Lage von Kärnten, speziell des Wörthersees, macht diese Region so anziehend. „Kärnten hat mit seinen 1.270 Seen und der Nähe zu Italien eine südländische Atmosphäre, zur Adria sind es nur ein bis eineinhalb Stunden – das wissen unsere Kunden zu schätzen."

so anziehend. „Kärnten hat mit seinen 1.270 Seen und der Nähe zu Italien eine südländische Atmosphäre, zur Adria sind es nur ein bis eineinhalb Stunden – das wissen unsere Kunden zu schätzen", so Hans Hein weiter. Nicht nur die Lage, sondern auch ausgefallene Immobilien runden den Service von Engel & Völkers am Wörthersee ab: Das Konzept ist so erfolgreich, dass Hans Hein expandieren möchte und weitere Shops in Kärnten folgen werden, u. a. ist bereits der zweite Shop in Millstatt am Millstätter See seit Februar 2012 eröffnet.

Im Jahr 1977 wurde das erste Büro von Engel & Völkers in den Hamburger Elbvororten eröffnet. Mittlerweile ist die Marke weltweit bekannt. Basierend auf einem Lizenzpartnersystem ist Engel & Völkers derzeit mit über 440 Wohnimmobilienshops und 37 Gewerbebüros in 36 Ländern auf fünf Kontinenten präsent. Die Partner haben Zugang zu einem großen, internationalen Kundenkreis. Die Wohnimmobilien-Shops sind in ihrem Design unverwechselbar und verfügen über eine klare, konsequente Corporate Identity. Die Kunden haben Vertrauen in die Marke – ob sie sich in Kärnten oder in Dubai befinden.

Das Fischerhaus

Fischerhaus
Werner & Sebastian Fischer

Pörtschacher Straße 44
9062 Moosburg

Tel.: +43 (0) 4272 / 83315
Fax: +43 (0) 4272 / 83773
fischerhaus@ymail.com
www.fischerhaus-moosburg.at

Unweit von Pörtschach am Wörthersee, in der kleinen Gemeinde Moosburg, erfüllten sich ein Wirt und sein Sohn einen Traum, den sie schon seit vielen Jahren mit sich trugen. Werner und Sebastian Fischer wollten sich etwas „Eigenes" schaffen und einen Platz kreieren, an dem sich Freunde und Gäste gleichermaßen wohlfühlen.

Make it Simple

Auf einer grünen Wiese in Moosburg, am Ufer des Mitterteichs und direkt am Golfplatz Moosburg-Pörtschach, fanden sie den passenden Ort für ihren gastronomischen Traum in Weiß.
Im Restaurant und auf der Terrasse erwärmt ein Kaminfeuer Leib und Seele, im Wintergarten herrscht gediegenes Licht und kleine Brunnen rufen einem die Nähe zum Wasser in Erinnerung. Die Grundfarbe im Gastraum und im ganzen Haus ist edles Weiß, das das stilvolle Ambiente und die liebevolle Dekoration besonders hervorhebt.
Die Gaumen der Gäste verwöhnt eine Küche, in der man spürt, dass die Gastgeber noch mit Liebe kochen. Erstklassige heimische

Grundprodukte – wobei das Gemüse sogar aus dem eigenen Garten stammt – garantieren unvergessliche Stunden und Ferientage bei Sebastian und Werner Fischer und ihren kompetenten Mitarbeitern. Auf Wunsch stellen die beiden auch gemeinsam mit ihren Gästen ein saisonales Menü zusammen und helfen mit Empfehlungen zur Weinkarte. Die große Vinothek mit der reichen Auswahl an nationalen und internationalen Spitzenprodukten und vielen erlesenen Weinen im Schauraum bildet dazu noch den richtigen Hingucker im Restaurant!

Wer länger bleiben und einige unvergessliche Tage im Fischerhaus genießen will, wohnt in einem der raren und exklusiven Zimmer direkt im Haus. Die als richtige Kuschelzimmer konzipierten Schmuckstücke perfektionieren den Aufenthalt bei Gastgebern, deren Beruf Berufung geworden ist.

Foto rechts unten (linke Seite) und alle Fotos rechte Seite: Helga Rader

Die große Vinothek mit der reichen Auswahl an nationalen und internationalen Spitzenprodukten und vielen erlesenen Weinen im Schauraum bildet dazu noch den richtigen Hingucker im Restaurant!

Schlossvilla Miralago

Schlossvilla Miralago

Hauptstraße 129
9210 Pörtschach

Tel.: +43 (0) 4272 / 2430

office@miralago.at
www.miralago.at

Der kühne Autodidakt und Idealist Johannes Muchitsch hat dem Zeitgeist entgegen etwas Magisches geschaffen. Seine in Würde gealterte Schlossvilla Miralago am Nordufer des Wörthersees ist ein Hideaway für den bekennenden Genussmenschen und die wahrscheinlich letzte Bastion der klassischen Sommerfrische am legendären Wörthersee.

Einer der schönsten Plätze am See ...

Schon der erste Blick am Morgen über den türkisblauen See gleicht einer Bilderpostkarte: links die Halbinsel Maria Wörth mit den Karawanken im Hintergrund, rechts die Ausläufer der Karnischen Alpen mit Mittagskogel und Dobratsch. Darüber steht die Sonne, die schon fast italienisch scheint. Nicht minder spektakulär das Frühstück, das, mit großer Sorgfalt zubereitet, noch besser schmeckt, wenn es auf der Terrasse oder im Garten aufgetragen wird.

Die sonnengelbe, unter Denkmalschutz stehende Villa hat lediglich fünf Doppelzimmer und sechs Suiten, was zur angenehmen Folge hat, dass es selbst in der Hochsaison im Garten direkt am Strand niemals eng wird. Das historische Bootshaus unten am See ist ein Platz von zauberhafter Romantik und älter noch als die große Fichte, in deren Schatten es sich im Hochsommer wunderbar entspannen lässt. Zur blauen Stunde zieht es Gäste und Freunde des Hauses wie magisch zur Strandbar. Eine ebenso eigentümliche wie einzigartige Konstruktion direkt am Wasser. Aber mit Sicherheit einer der schönsten Plätze am See, wenn es darum geht, den kurzen Augenblick zwischen Sonnenuntergang und nächtlicher Dunkelheit stilgerecht zu zelebrieren. Und später am Abend kocht der Chef persönlich für seine Gäste. Manchmal mit solcher Hingabe, dass die Zeit zur Nebensache wird.

Wie viele Sterne die Schlossvilla Miralago wirklich besitzt, weiß niemand so genau. Am besten, man vergibt sie selbst! Am Ende eines Sommertages unter freiem Himmel. Mit einem Glas eiskalten Muskateller in der Hand und der Gewissheit, dass sich echter Luxus nicht wirklich klassifizieren lässt.

Die Strandbar ist mit Sicherheit einer der schönsten Plätze am Wörthersee, wenn es darum geht, den kurzen Augenblick zwischen Sonnenuntergang und nächtlicher Dunkelheit stilgerecht zu zelebrieren.

Kulinarische Reise durch das Rosental

Rosentaler-Reigen-Wirte:
Alle Adressen und nähere
Informationen:
www.carnica-rosental.at,
Stichwort „Kulinarik"

Landgasthof Plöschenberg
Familie Niemetz

Plöschenberg 4
9071 Köttmannsdorf

Tel.: + 43 (0) 4220 / 2240
Fax: +43 (0) 4220 / 26021
info@ploeschenberg.at
www.ploeschenberg.at

Gasthaus Ogris

Bilovs 13
9072 Ludmannsdorf

Tel.: +43 (0) 4228 / 2249
Fax: +43 (0) 4228 / 2303
ogi@gasthaus-ogris.at
www.gasthaus-ogris.at

Rosentaler-Reigen-Wirte

Die Rosentaler-Reigen-Wirte stehen mit ihren familiär geführten Traditionsbetrieben für herzliche, Südkärntner Gastlichkeit. Die Restaurants und Gasthöfe zeichnen sich durch ihre gemütliche Atmosphäre und durch ihre einmalige Lage im malerischen Rosental aus: Trattoria Ogris, Landgasthof Plöschenberg, Familienhof Sereinig, Gasthaus Stefaner, Gasthaus Seher, Gasthaus Ogris, Gasthof Ratz, Gasthof Plasch, Gasthaus „Zum Blauen Aff´n", Gasthaus Antonitsch, Berggasthof Lausegger, Gasthof Deutscher Peter, Gasthaus Terklbauer.

Landgasthof Plöschenberg

Der Landgasthof Plöschenberg ist ein beliebtes Ausflugsziel im Rosental und bietet ganztägig warme Küche mit Kärntner Spezialitäten. Sein Ambiente mit Panoramablick ist ideal für Familienfeiern und Seminare bis zu 120 Personen geeignet. Neben den gemütlichen Zimmern sind besonders die Sauna mit Ausblick, die Sonnenterrasse, der Kinderspielplatz und der Naturlehrpfad hervorzuheben.

Gasthaus – Gostilna – Trattoria Ogris

Das Gasthaus Ogris, auch „Miklavž" genannt, ist schon seit Jahrhunderten ein beliebter Treffpunkt für Reisende und Einheimische. Mit der Rosentaler und Kärntner Küche sowie einem erlesenen Wein fühlt sich dort jeder wohl. Das Lokal bietet mehr als 200 Gästen Platz und empfiehlt sich daher für Hochzeiten, Geburtstagsfeiern, Geschäftstreffen und Seminare.

Landgasthof Plöschenberg — Gasthaus – Gostilna –Trattoria Ogris

Ferienhotels Sonne

Ferienhotels Sonne****
Familie Mateidl

Westufer 17
9122 St. Kanzian
am Klopeinersee

Tel.: +43 (0) 4239 / 2337
Fax: +43 (0) 4239 / 2337-88
sonne@sonne.info
www.sonne.info

Die Ferienhotels SONNE**** bieten erholsamen Genussurlaub direkt am Klopeiner See. Das Golf- und Strandhotel SONNE mit hellen Zimmern, großteils mit Balkon und Panoramablick auf den Klopeiner See, und das Baby + Kinderhotel SONNELINO – der Familienspezialist für garantiert spannende Ferien für Klein und einen entspannenden Urlaub für Groß.

Sonnige Momente am Klopeiner See

Großes Seebad mit Liegewiese, Sonnenstegen, Liegen und Sonnenschirmen. Entspannung & Erholung genießen im neuen Sonne-See-Spa mit Kräuterbadl, Dampfbad, Panoramasauna und direktem Strandzugang. Zur Seesauna, direkt am Klopeiner See, gelangen die Erholungsuchenden über den hoteleigenen Badesteg. Schwitzen und entschlacken mit herrlichem Blick auf den Klopeiner See, auf die umliegenden Hügel und die Karawanken.

Während die Eltern am See die Seele baumeln lassen, kümmern sich die geschulten Baby- und Kinderbetreuerinnen liebevoll um die kleinen und jungen Gäste. Je nach Alter bieten die Kinder- und Jugendprogramme spannende, sportliche und auch so manche abenteuerliche Urlaubserlebnisse.

Zum Rundumgenuss trägt das Sonne-Alpen-Adria-Kulinarium mit besten Naturprodukten aus regionaler Landwirtschaft sowie internationaler Genussküche bei. Die Seenlandschaft zwischen Klagenfurter Becken, Karawanken, Sau- und Koralpe verlockt mit 1.246 km Radwegen und 800 km Wanderwegen. Der sonnigste Golfplatz Österreichs, der nur 2,5 km vom Hotel entfernt liegt, und das „Sonne-Seen-Fitness-Programm" laden zu Aktivitäten an der frischen Luft ein.

Gut essen, genussvoll trinken, ausgiebig und langanhaltend erholen, in vollen Zügen Alpenluft genießen und in den wärmsten Badesee Österreichs eintauchen … Wer diese Leidenschaften mit den Gastgebern teilt, ist hier am Klopeiner See bei Familie Mateidl bestens aufgehoben. Hier ist man um Sie und Ihr Wohlbefinden bemüht.

Klopeiner See – Südkärnten

Ja, baden kann man auch im Klopeiner See. Oder dem Turnersee. Oder im Gösselsdorfer See. Und noch vier weitere Seen warten darauf, entdeckt zu werden. Doch eigentlich atemberaubend ist die Kulisse.

Klopeiner See – Südkärnten
Schulstraße 10
9122 St. Kanzian/Klopeiner See

Tel.: +43 (0) 4239 / 2222
info@klopeinersee.at
www.klopeinersee.at

Bad Eisenkappel

Hauptplatz 7
9135 Bad Eisenkappel

Tel.: +43 (0) 4238 / 8686
tourismus@bad-eisenkappel.info
www.bad-eisenkappel.info

Glitzernde Seen und wilde Berge

Am Klopeiner See mit der neuen Seepromenade, die rund um den See führt, mit chilligen Plätzen, Seezugängen, Infopoints und der Kunstmeile. Am Turnersee entdecken Gäste die „Wildnis um die Ecke" – das Sablatnigmoor. Gemütlich wird's bei einer Bootstour am Draustausee bis zu den Neudensteiner Auen. Familien entdecken die Walderlebniswelt am Klopeiner See, den Vogelpark Turnersee oder den Natur-Blumen-Erlebnispark am Sonnegger See. Zahlreiche See- und Kinderfeste sorgen für jede Menge Unterhaltung! Highlight ist der „See in Flammen" – eines der größten Feuerwerke Österreichs immer Anfang Juli, rechtzeitig zu Ferienbeginn.

Südkärnten ist mit Bad Eisenkappel in den Karawanken und den Steiner Alpen „das" unentdeckte Wanderparadies Nr. 1. Der „Panoramaweg Südalpen", der über 17 Etappen vom benachbarten

Rosental über die Karawanken und Slowenien bis zum Zirbitzkogel auf der Saualpe führt, bestens ausgeschilderte Wanderwege, tolle Bergrestaurants wie Luschaalm, Eisenkappler Hütte oder Siebenhütten auf der Petzen, kochen hungrigen Wanderern ein. Die Obir-Tropfsteinhöhlen sind in Bad Eisenkappel, dem einzigen Wasser- und Luftkurort Österreichs, ein wahres Naturwunder. 200 Millionen Jahre Erdgeschichte können hier erlebt werden. Gefühlvolle, spannende und erhebende Licht- und Toninszenierungen im Berginneren machen einen Besuch für Kinder wie Erwachsene unvergesslich. Gut ausgebildete Führer erzählen die Geschichte des Bergbaus und die Geheimnisse der uralten Höhlen.

Südkärnten ist mit Bad Eisenkappel in den Karawanken und den Steiner Alpen „das" unentdeckte Wanderparadies Nr. 1.

Hotel Amerika-Holzer

Hotel Amerika-Holzer
„Am See" ★★★★
Michael Sammer

Am See XI/4
9122 St. Kanzian

Tel.: +43 (0) 4239 / 2212
Fax: +43 (0) 4239 / 2212-85
www.amerika-holzer.at
hotel@amerika-holzer.at

Hotel Amerika-Holzer „Am See" – ein ungewöhnlicher Name für ein Kärntner Familienhotel am wärmsten Natur-Badesee des Alpenraumes.

Innovativ seit über 100 Jahren

Der Name entstammt einer Geschichte, welche beinahe einem Märchen gleicht: Vor rund 100 Jahren war der Klopeiner See von Wald umgeben und hatte nur einen Zugang. Dieser war durch das tränkende Vieh der Bauern am Ostufer entstanden. Als die ersten Wiener „Sommerfrischler" sich dort niederließen und ihre Villen erbauten, badeten sie hier und paddelten mit Holzflößen über den See. Am heutigen Strand des Hotels Amerika fanden sie die schönste Sandbucht am See. Sie nannten ihre Entdeckung, frei nach Columbus, „Amerika". Michael Holzer, der Großvater des heutigen Hoteliers Michael Sammer, kaufte das „Amerika"-Land und legte so den touristischen Grundstein für das heutige Hotel Amerika-Holzer „Am See".

Innovationen waren und sind das Markenzeichen der Ferienanlage. Schon in den Nachkriegsjahren wurde ein Sprungturm mit zwei Podesten in drei und sechs Metern Höhe mit Rutsche am Badesteg errichtet. Dieser erregte in der Region große Aufmerksamkeit und war der Garant für Spaß am Strand. Eine weitere Innovation bildete das erste See-Saunahaus am Klopeiner See. Nach der Nominierung zum „Österreichischen Staatspreis für Tourismus 2003" sind über 15 weitere See-Saunahäuser an den Kärntner Seen entstanden sowie die „Kooperation der Seen-Wellnessbetriebe".

Eine Innovation bildete das erste See-Saunahaus am Klopeiner See. Nach der Nominierung zum „Österreichischen Staatspreis für Tourismus 2003" sind über 15 weitere See-Saunahäuser an den Kärntner Seen entstanden sowie die „Kooperation der Seen-Wellnessbetriebe".

Das großzügige Resort des Hotels umfasst ein großes Parkareal, einen 200 Meter langen Privatstrand, einen beheizten Swimmingpool am See, Hallenbad, Tennisplatz, Minigolfplatz, Fahrrad-Verleih und ein Putting-Green. Ein professionelles Croquet-Feld für den geselligen Spielsport, mit Einführungskursen nach originalen Regeln, begeistert seit vielen Jahren die Gäste. Für sportlich jung gebliebene Gäste gibt es den Aquaskipper als große Herausforderung. Das schnellste muskelbetriebene Sportgerät über dem Wasser ist nur eine der laufenden Innovationen.

Stadtgemeinde Bleiburg

Stadtgemeinde Bleiburg

10. Oktober Platz 1
9150 Bleiburg

Tel.: +43 (0) 4235 / 2110-0
Fax: +43 (0) 4235 / 2110-22

bleiburg@ktn.gde.at
www.bleiburg.at
www.wernerberg.museum
www.bleiburgerwiesenmarkt.at
www.kunst-radweg.at

Bleiburg gilt als das gesellschaftliche und wirtschaftliche Zentrum des Jaunfeldes. Die Nähe zu den Südkärntner Badeseen und zur Petzen lässt Bleiburg im Sommer wie im Winter zu einem beliebten Urlaubs- und Erholungsort in der Tourismusregion Klopeiner See – Südkärnten werden.

Südkärntens kulturelles Zentrum

Bleiburg, Stadt seit 1370, besitzt seit 1393 das Recht zur Abhaltung des Wiesenmarktes, dem größten Volksfest in Südkärnten, welches alljährlich Anfang September über 140.000 Besucher begeistert. Bleiburg und seine Umgebung mit zahlreichen Kirchen und Bildstöcken bietet eine Fülle von Schönheiten, die der Besucher auf den zahlreichen Rad- und Wanderwegen – so auch auf dem Kunst-Radweg – zu entdecken eingeladen ist.

Das vom jahrhundertelangen Zusammenleben der deutsch- und slowenisch-sprachigen Bevölkerung geprägte Südkärnten hat auch den Maler Werner Berg (1904 – 1981) in seinen Bann gezogen.

Tipps:
Werner Berg Museum
Freyungsbrunnen
Historisches Museum Glawar
Wachzieher-museum Stöckl
Franz Brandl
Türkenplatz
Hemmafenster/ Stadtpfarrkirche
Europaplatz
Garten der Religionen
Freibad Bleiburg
Kunst-Radweg
Kunsthandel Kraut
Imkerlehrpfad

Werner Berg, Kirchgeherin, 1961

Bleiburger Wiesenmarkt; Foto: Christine Ottowitz

Das ihm gewidmete Museum am Bleiburger Hauptplatz ist zu einem Anziehungspunkt für Kunstliebhaber aus ganz Europa geworden.

Durch den reichen Schatz an Museen, Sammlungen und Kulturdenkmälern sowie durch zahlreiche Konzerte und Kulturveranstaltungen hat sich Bleiburg zu Recht den Ruf als Kulturstadt erworben und gilt als Heimat von vielen bedeutenden Künstlerpersönlichkeiten. Einige kamen – wie Werner Berg – von außen und fanden hier am Schnittpunkt der germanischen, slawischen und romanischen Kulturkreise ihre Wahlheimat, viele wirkten und wirken vor Ort, manche – wie Kiki Kogelnik, Johann Kresnik und Karlheinz Miklin – fanden in fernen Metropolen ihren Nährboden – aber allesamt zog und zieht es sie immer wieder zurück zu ihren Wurzeln.

Die Sportstadt Bleiburg ist durch den Weltcup-Sieger Rainer Schönfelder – den Petzenbär – weltweit bekannt. Viele sogar in den obersten Spielklassen vertretene Sportvereine tragen dazu bei, dass Bleiburg zu den bedeutendsten Sportgemeinden Kärntens zählt.

Foto linke Seite, rechts unten: Kiki-Kogelnik-Freyungsbrunnen; © Karlheinz Fessl

Bleiburger Wiesenmarkt, Festzug; Foto: Karlheinz Fessl

Garten der Religionen, Foto: Christine Ottowitz

Hüttenberg

Touristische Anlagen
Hüttenberg

Bahnhofstraße 12
9375 Hüttenberg

Tel.: +43 (0) 4263 / 8108
www.huettenberg.at
tourismus@huettenberg.at

Das Heinrich Harrer Museum in Hüttenberg wurde 1992 eröffnet. Hier befinden sich unzählige faszinierende Ausstellungsstücke – viele davon brachte Heinrich Harrer von seinen Reisen mit.

Faszination Hüttenberg

Das Museum umfasst auf einer Fläche von 1.000 m² mehr als 5.000 Exponate. Die Innengestaltung des Museums wurde vom Ausstellungsgestalter am Staatlichen Museum für Völkerkunde in München, Werner Engelmann, übernommen. Auf vier Stockwerken kann man Wissenswertes über das Leben und die Leistungen Heinrich Harrers und über seine abenteuerlichen Forschungsreisen erfahren. Seine Expeditionen führten ihn unter anderem nach Afrika, Borneo,

Zur Tibet-Abteilung im Museum gehört unter anderem ein buddhistischer Gebetsraum, der 1992 von seiner Heiligkeit dem XIV. Dalai Lama persönlich geweiht wurde.

zu den Andamanen-Inseln, zum Rio Xingu und natürlich nach Tibet.

Dort erlebte Heinrich Harrer wohl sein berühmtestes Abenteuer, welches er auch im Buch „Sieben Jahre in Tibet" festgehalten hat. Zur Tibet-Abteilung im Museum gehört unter anderem ein buddhistischer Gebetsraum, der 1992 von seiner Heiligkeit dem XIV. Dalai Lama persönlich geweiht wurde. An der Felswand gegenüber dem Museum befindet sich der „Lingkor", ein tibetischer Pilgerpfad. Entlang dieses Rundweges findet man Symbole und Objekte des tibetischen Buddhismus. Auch dieser wurde im Jahr 2002 von seiner Heiligkeit dem Dalai Lama geweiht. Im Nachbarort Knappenberg befinden sich das Schaubergwerk, die Mineralienschau und das Puppenmuseum. Im alten Stollen aus dem Jahr 1567 werden während der Führung Abbau- und Förderungsmethoden und Wetterführung gezeigt. Natürlich dürfen auch die alten Geschichten und Legenden der Bergleute nicht fehlen. Im Bergbaumuseum können Werkzeuge, Lampen und Arbeitskleidung vergangener Zeiten bestaunt werden. Hüttenberg ist der drittgrößte Mineralienfundort der Welt. In der Mineralienschau hat man die Gelegenheit, über 200 seltene und farbenreiche Mineralien zu sehen, wie zum Beispiel den „Löllingit", der nach dem nahe gelegenem Ort Lölling benannt wurde.

St. Georgen am Längsee

Tourismusverein
Längsee-Hochosterwitz

Längseestraße 48
9313 St. Georgen am Längsee

Tel.: +43 (0) 4213 / 4192
info@laengseehochosterwitz.at
www.laengseehochosterwitz.at

Malerisch zwischen sanften Hügeln eingebettet liegt St. Georgen am Längsee in der Region Längsee-Hochosterwitz, welche ihren Namen zum einen dem besonders idyllischen See, zum anderen einer der bedeutendsten Burgen Österreichs und dem Wahrzeichen Kärntens verdankt.

Kleine und große Besucher schätzen ihn wegen seiner Trinkwasserqualität und der Wassertemperatur von bis zu 28 °C als Badesee. Den Bewohnern in der Region ist es gelungen, durch verantwortungsvollen und behutsamen Umgang den Naturraum am Längsee und in seiner Umgebung zu bewahren. Er wurde 1970 zum Landschaftsschutzgebiet erklärt.

Kulinarik, Tradition und Kärntner Gastlichkeit zeichnen diese Region besonders aus. Zahlreiche Rezepte der regionalen Küche wurden liebevoll zusammengetragen und sind im St. Georgener Kochbuch „Geschichten und Gschmackiges" nachzulesen. Ein idealer Begleiter zu diesen Gaumenfreuden ist der Wein aus der Region Längsee-Hochosterwitz. Neben den bekannten Kärntner Bräuchen gibt es in der Region Besonderheiten wie das Fackeltragen in Gösseling am Karsamstag, den Vierbergelauf am 2. Freitag nach Ostern oder die Kräuterweihe an Mariä Himmelfahrt.

Im Herzen Mittelkärntens

Linke Seite oben: der Kulturradweg führt durch die Region
Diese Seite oben: herbstliche Farben am Längsee
rechts: Weinanbau

Zahlreiche Burgen und Schlösser, kirchliche und profane Baudenkmäler, Kapellen, Bildstöcke und kunsthistorische Besonderheiten erzählen von bewegter Vergangenheit und lassen Geschichte zum Erlebnis werden. Besonders die architektonisch einzigartige, auf einem 150 Meter hohen Kalkfelsen stehende Burg Hochosterwitz prägt die Umgebung. Hochosterwitz wurde 860 erstmalig urkundlich erwähnt und im Jahre 1571 von Georg Freiherr von Khevenhüller käuflich erworben. Die Burg befindet sich immer noch im Besitz seiner Nachkommen. Neben umfassender Geschichte gibt es in der Region ein vielfältiges Angebot an Unterhaltungs- und Freizeitaktivitäten. Für unterhaltsame Abwechslung sorgen zahlreiche kulturelle Veranstaltungen. Sportlich Aktive schätzen das Angebot an Spazier-, Wander- und Radwegen, Pferdeliebhaber und Freunde des Reitsports finden ein ausgedehntes Reitwegenetz vor. Ein schönes Spiel genießt man am 18-Loch-Golfplatz.

Fotos: Tourismusverein Längsee-Hochosterwitz

Stift St. Georgen am Längsee

Ein außergewöhnlicher Ort der Kraft mit einzigartiger Atmosphäre, wo Unternehmensethik gelebt und gelehrt wird.

Heute präsentiert sich das Stift St. Georgen als bischöfliches Bildungshaus und als 4-Sterne-Hotel kombiniert mit einem Seminarzentrum im Schnittpunkt von Kirche, Wirtschaft, Gesellschaft und Kultur. Als erster kirchlicher Betrieb in Österreich wurde für das Stift eine Balanced Scorecard RIO (= Religion in der Organisation) erarbeitet und implementiert, um die Strategien nach bestimmten Kirchlichkeitskriterien umzusetzen, mit dem Auftrag, diesen Beitrag zur Unternehmensethik vielen Menschen zugänglich zu machen. Das Dreieck Management–Bildung–Tourismus macht das Stift zu einem unverwechselbaren Referenzbetrieb in allen drei Bereichen. Es ist ein offenes Haus für alle. Inmitten von 30.000 m² Gärten und Wäldern finden all jene die neben sportlichen Tätigkeiten Entspannung, Ruhe und Spiritualität erfahren wollen, den richtigen Rahmen. Urlauber und Seminargäste erholen sich in den mit heimischem Zirbenholz ausgestatteten Zimmern und lassen sich kulinarisch von regionalen Köstlichkeiten im Gartenrestaurant mit Seeblick verwöhnen.

Stift St. Georgen am Längsee

Schlossallee 6
9313 St. Georgen am Längsee

Tel.: +43 (0) 4213 / 2046
Fax: +43 (0) 4213 / 2046-46
office@stift-stgeorgen.at
www.stift-stgeorgen.at

Heute präsentiert sich das Stift St. Georgen als bischöfliches Bildungshaus und als 4-Sterne-Hotel kombiniert mit einem Seminarzentrum im Schnittpunkt von Kirche, Wirtschaft, Gesellschaft und Kultur.

Gründungslegende von St. Georgen

Vor über 1000 Jahren lebten hier Graf Otwin und seine Gattin Wichpurg. Sie sorgten sich darüber, was nach dem Tode kommen würde. Sie vereinbarten, dass der eine nach dem Tod des anderen ein Kloster gründen sollte. Otwin, der erst nach 14 Jahren von einer Wallfahrt heimkehrte, stand vor vollendeten Tatsachen. Da seine Gattin davon ausgegangen war, dass er bereits tot sei, gründete sie ein Frauenkloster, und ihre Tochter Hiltipurg wurde die erste Äbtissin. So musste er in einer Höhle in Sichtweite auf das Kloster als Einsiedler leben. Die Chronisten berichteten, dass die Ehe recht glücklich war: sie im Kloster, er in der Höhle. Nach dem Tode wurden beide wieder vereint, indem sie gemeinsam in der Gruft unter der Stiftskirche beigesetzt und als Heilige verehrt wurden. Die Höhle ist heute durch eine gemütliche Wanderung vom Stift aus erreichbar.

Burg Hochosterwitz

Burgverwaltung Hochosterwitz

Niederosterwitz 1
9314 Launsdorf

Tel: +43 (0) 4213 / 2020
Fax: +43 (0) 4213 / 202016
info@burg.hochosterwitz.com
www.burg-hochosterwitz.com

Burg Hochosterwitz, das geschichtliche Wahrzeichen Kärntens, wurde urkundlich um 860 erstmals erwähnt und ist seit dem 15. Jahrhundert im Besitz der Familie Khevenhüller.

Das geschichtliche Wahrzeichen Kärntens

Kaiser Ferdinand I. überschrieb zum Dank für die Unterstützung der kaiserlichen Truppen im Krieg gegen die Türken am 22. November anno 1541 die Pfandrechte am Eigentum an Christoph Khevenhüller von Aichelberg, Landeshauptmann von Kärnten. Die Burg befindet sich im Privatbesitz der Familie Khevenhüller und ist von April bis Oktober für Besucher geöffnet.
Sie ist durch ihre Lage auf einem steil aufragenden Felsen eine der auffälligsten und attraktivsten Burganlagen Mitteleuropas.
Der Aufstieg führt die Besucher durch die 14 geschichtsträchtigen Tore, die schon den ersten Höhepunkt der Burgbesichtigung darstellen, welche im beeindruckenden Burghof endet. Die Rüstkammer, die Waffensammlung und die interessante Bildersammlung aus der Renaissancezeit zeugen von der Geschichte dieser einmaligen Wehranlage.

Das Auftreten der Khevenhüller-Metsch'schen Burggarde mit ihrer traditionellen mittelalterlichen gelb-schwarzen Uniform drückt die Verbundenheit zur Familie bei den diversen Veranstaltungen aus und stellt einen wichtigen Bestandteil der Geschichte der Burg dar.

Im Burgrestaurant werden die Besucher mit heimischer Kärntner Küche verwöhnt. Ein intensives Kulturprogramm von Konzerten, Bilderausstellungen und Festen lädt die Besucher ein, sich ganz in die Geschichte der Burg zu vertiefen und so die Burg mit ihren verschiedenen Themen zu entdecken.

Neben dem interessanten Museum und dem kulinarischen Angebot kann man auf der Burg auch einen Schmied bei seiner Arbeit beobachten, der sein Handwerk nach mittelalterlichem Vorbild betreibt.

Besucher, die nicht so gut zu Fuß sind, haben die Möglichkeit, die Burg mit der Standseilbahn zu erreichen.

Ein intensives Kulturprogramm von Konzerten, Bilderausstellungen und Festen lädt die Besucher ein, sich ganz in die Geschichte der Burg zu vertiefen und so die Burg mit ihren verschiedenen Themen zu entdecken.

St. Veit an der Glan

Tourismusinformation St. Veit

Prof. Ernst Fuchs Platz 1
9300 St. Veit an der Glan

Tel.: +43 (0)4212 / 4660
Fax: +43 (0)4212 / 4660 - 660
info@clubsanktveit.com
www.clubsanktveit.com

Schon die alten Herzöge wussten, wo es schön ist. Die frühere Landeshauptstadt Kärntens bietet nicht nur innerhalb der Stadtmauern Besonderheiten für einen Urlaub. Gerade die zentrale Lage ist ein optimaler Ausgangspunkt zu reizvollen Ausflugszielen, kristallklaren Seen und malerischen Naturlandschaften.

St. Veit – am Puls der Zeit

„Raus aus dem Alltag und rein ins Vergnügen!" Egal ob sportliche Aktivitäten oder Events, ein Gaumen- oder Ohrenschmaus – für Genuss und Abwechslung ist auf jeden Fall gesorgt. Eintauchen ins Mittelalter und die Annehmlichkeiten der Moderne genießen – die alten, dicken Stadtmauern und die transparente Glaspassage bieten architektonische Kontraste der Sonderklasse. Farbenprächtig und vielfältig, wie die ganze Stadt, so wächst und gedeiht es jedes Jahr am historischen Hauptplatz. Inmitten der Blütenpracht lässt es sich besonders herrlich shoppen, und ein Genuss

Egal ob sportliche Aktivitäten oder Events, ein Gaumen- oder Ohrenschmaus – für Genuss und Abwechslung ist auf jeden Fall gesorgt.

in den zahlreichen Straßencafés ist garantiert. St. Veit bietet außerdem ein Stadtmuseum, Galerien, vielfältige Veranstaltungen, eine bunte gastronomische Szene und tolle Einkaufsmöglichkeiten. Attraktive Ausflugsziele in unmittelbarer Umgebung runden das Freizeiterlebnis ab: Burgen und Schlösser, hineingegossen in eine malerische Landschaft. Wander-, Bade- und Freunde des Reitsports kommen hier voll auf ihre Kosten … und im Winter locken Eislauf, Christkindlmarkt und Wintersport.

Nachhaltigkeit und erneuerbare Energien – unter dem Symbol der Sonne –, auch das können Gäste in St. Veit erleben. Seit Mitte November 2011 ist die Ausstellung für erneuerbare Energie im Kunsthotel Fuchspalast geöffnet, in der Interessierte über alternative Energieformen multimedial informiert werden. Weiters werden rund 50 E-Bikes für Ausflüge in der Region zur Verfügung stehen sowie eines der größten Photovoltaik-Schaukraftwerke Österreichs, und gleichzeitig lädt ein einzigartiger Sonnenpark zum Informieren, Erkunden und Wohlfühlen ein. Zum Energietanken gibt es also ausreichend Möglichkeiten in der Sonnenstadt St. Veit.

Foto rechts mit Musikern: © Schweiger
Alle anderen Bilder: © Stadtgemeinde St. Veit

Jacques Lemans

Jacques Lemans GmbH

Jacques-Lemans-Str. 1
9300 St. Veit/Glan

Tel: +43 (0) 4212 / 5444 0
Fax: +43 (0) 4212 / 5444 – 20
office@jacques-lemans.com
www.jacques-lemans.com

1975 vom Kärntner Alfred Riedl gegründet, kann dieser mit Jacques Lemans heute auf eine einzigartige Erfolgsgeschichte zurückblicken. Das Unternehmen zählt zu den erfolgreichsten internationalen Uhrenproduzenten.

Alle Zeit der Welt

Alfred Riedl, zusammen mit seinem Bruder Norbert Eigentümer von Jacques Lemans, ist seiner Heimat immer treu geblieben. Vom Headquarter in St. Veit steuert er unter anderem ein Tochterunternehmen in Deutschland und die Produktionsstätten in der Schweiz und Asien. Neben der Hauptmarke „Jacques Lemans" wird die Einstiegsmarke „Alpha Saphir" und seit Anfang letzten Jahres auch die exklusive Marke „Pierre Petit" produziert. Durch kluges Marketing und Aufsehen erregende Kooperationen wie zum Beispiel mit der Formel1™ und der UEFA Champions League hat er nicht nur dafür gesorgt, dass Jacques Lemans heute in über 126 Ländern und an Bord vieler namhafter, internationaler Airlines und in Airport Shops auf der ganzen Welt vertreten ist, sondern er hat auch im Laufe der Jahre Jacques Lemans zu einer weltweit bekannten Marke gemacht. Verantwortlich für die hohe internationale Markenbekanntheit ist, neben den großen Lizenzkooperationen mit der Formel1™ und

der UEFA Champions League, das massive Sportsponsoring, das bei Jacques Lemans ein wesentlicher Teil der gesamten Kommunikationsstrategie ist. Alfred Riedl nützt seine persönlichen Kontakte, um für Jacques Lemans international erfolgreiche Sportler an Bord zu holen. So agiert zum Beispiel Österreichs Tennis-Superstar Jürgen Melzer als Markenbotschafter, bei der Euroleague Basketball, Europas höchster Spielklasse, ist Jacques Lemans offizieller Timing-Partner, beim ÖFB ist Jacques Lemans einer der Hauptsponsoren. Aber für die richtige „work/life balance" braucht es auch einen Ausgleich, und diesen finden Alfred Riedl und seine Familie vor allem auf ihrem 14 ha großen Weingut, wo prämierter Wein und unter dem Namen „Jacquespagner" edler Sekt produziert werden, und bei der hauseigenen Fisch- und Rotwildzucht.

Einen Ausgleich finden Alfred Riedl und seine Familie vor allem auf ihrem 14 ha großen Weingut, wo prämierter Wein und unter dem Namen „Jacquespagner" edler Sekt produziert werden, und bei der hauseigenen Fisch- und Rotwildzucht.

Trachten Strohmaier Weitensfeld

Trachten Strohmaier
Weitensfeld

Gurktal-Straße 15
9344 Weitensfeld

Tel: +43 (0) 4265 / 425
Fax: +43 (0) 4265 / 7293
strohmaier@trachtenhaus.com
www.trachtenhaus.com

In dem idyllischen Dorf Weitensfeld im Gurktal wird das innovative Trachtenhaus „Strohmaier" bereits in der 3. Generation geführt und ist der Inbegriff für edle Trachten

Der Kärntner Löwe

in feinster und hochwertiger Verarbeitung. Neben unzähligen Möglichkeiten, das richtige Outfit in den bestehenden Kollektionen zu finden, bietet das Trachtenhaus auch Maßanfertigungen aus hochwertigen Materialien, um persönliche Vorstellungen zu realisieren. In Zusammenarbeit mit der bekannten Trachtendesignerin Andrea Plieschnegger entstehen immer wieder besondere Meisterwerke. In der traditionellen Trachtenbekleidung findet man aber auch moderne Ideen, welche vielseitig kombinierbar sind. Der Traum in Weiß oder in Tracht zu heiraten wird von der Familie Strohmaier behutsam und individuell verwirklicht.
Um Tradition und Tracht leben zu lassen, veranstaltet die Familie Strohmaier – neben zahlreichen Modenschauen und Events – die jährlich stattfindende „Licht ins Dunkel Gala". Prominente aus Politik, Sport, Kultur und Wirtschaft stellen sich im Rahmen einer Modenschau einen Abend lang in den Dienst der guten Sache.

*Bilder:
Links oben:
Sie: Dirndl des Jahres 2011, Er: Löwen-Samtgilet, Gehrock
Unten links:
Otto Retzer bei der „Licht ins Dunkel Gala" 2011
Unten Mitte:
Sie: Wiesndirndln mit Petticoats Er: Hirschlederhose mit Löwen-Seidengilet
Unten rechts:
Neue Kollektion – die Kärntner Ähre*

Art4Heart

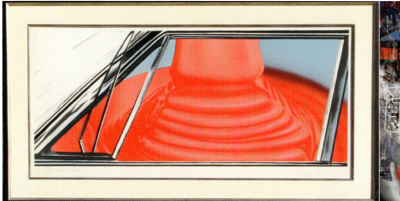

Art4Heart
Gerd Nussbaumer

Ossiacherstrasse 11
9300 St. Veit an der Glan

Tel.: +43 (0) 664 / 2333343
gerd.nussbaumer@effective.at
www.art4heart.at

Künstler:
James Rosenquist
Titel:
Red Highway Trust

Künstler:
Günther Konrad
Titel: Covert and Discovered

Künstler:
Mr. Brainwash
Titel: Covergirl

Stilsicher präsentiert die Kunstgalerie Art4Heart neben einer gekonnten Mischung aus etablierter Pop- und StreetArt auch Werke aktueller zeitgenössischer Kunst.

Die Liebe zur Kunst beflügelt Ihr Herz

Der Galerist Gerd Nussbaumer realisiert Ausstellungen in verschiedenen extravaganten Locations in Kärnten und ist auf nationalen und internationalen Kunstmessen vertreten, um Neues zu entdecken. Seine Tätigkeit umfasst auch den Ankauf und Verkauf von Kunst.

Benediktinerstift St. Paul

Benediktinerstift St. Paul

Hauptstraße 1
9470 St. Paul

Tel.: +43 (0) 4357 / 2019 – 10 oder - 22
Fax: +43 (0) 4357 / 2019 – 23
ausstellung@stift-stpaul.at
www.stift-stpaul.at

Öffnungszeiten – Mai bis Oktober
Jährliche Sonderausstellungen
Dienstag bis Sonntag von 9:00 - 17:00 Uhr
Benediktinerstift St. Paul im Lavanttal

Eingebettet in die fruchtbare Landschaft des unteren Lavanttales erhebt sich auf einem Felskegel das Stift St. Paul. Wo einst ein römisches Kastell und später die Burg der Spanheimer standen, siedelten 1091 Benediktinermönche aus dem berühmten Kloster Hirsau. Ihre wechselvolle Geschichte kennt Zeiten der Blüte und des Niedergangs. Eine der umfassendsten privaten Kunstsammlungen Österreichs verleiht der heute noch lebenden Abtei das Prädikat Schatzhaus Kärntens.

Das Schatzhaus Kärntens

Bei einem Rundgang durch den Ausstellungsbereich des Museums, beginnend mit der Bibliothek – die neben der Nationalbibliothek in Wien als bedeutendste des Landes gilt –, kann man zahlreiche Höhepunkte der europäischen Kunst bestaunen. Dabei spannt sich der Bogen von Gemälden berühmter Meister bis zu den Schätzen namhafter Goldschmiede. Im Kristalldom faszinieren multi-

Foto: Pater Gerfried Sitar OSB

Eine der umfassendsten privaten Kunstsammlungen Österreichs verleiht der heute noch lebenden Abtei das Prädikat Schatzhaus Kärntens.

Foto: Edwin Stranner

mediale Inszenierungen, die in die Welt der Fantasie und des Staunens entführen. Das beeindruckende Zusammenspiel von Licht und Schatten, geschliffenen Kristallen und manifestierten künstlerischen Gedanken lässt eine Wunderwelt entstehen, die den Besucher in ihre Mitte nimmt. Der Barock- und der Kräutergarten laden zum Verweilen und Entspannen ein. Sie sind eine gelungene Synthese aus „Lustgarten" und „Nutzgarten" und passen so perfekt in das klösterliche Umfeld. Aus den Weingärten Erzherzog Johanns um Marburg und von den begünstigten Lagen des Lavanttales stammen die beliebten Weine „Vinum Paulinum" der Domäne Stift St. Paul. Besucher können den Wein direkt ab Hof kaufen oder im geschichtsträchtigen Ambiente verkosten.

Niemand sollte St. Paul verlassen, ohne die imposante mittelalterliche Basilika aus dem 12. Jahrhundert besucht zu haben. Die Pracht der romanischen Architektur mit kunstvollen Kapitellformen, der beeindruckende Freskenschmuck und die gediegene Ausstattung bilden den würdigen Rahmen des Gotteshauses, in dessen Gruft die Gebeine der ersten Habsburger ruhen.

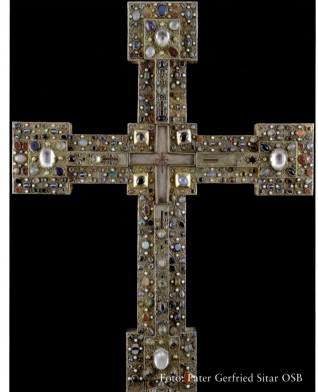

Foto: Pater Gerfried Sitar OSB

camp Royal X

Der Millstätter See bietet für junge und sportive Gäste mit dem „camp Royal X", direkt in der Westbucht des Sees gelegen, nicht nur „ein anderes Übernachten" sondern auch eine Vielzahl an Sportmöglichkeiten, ein Restaurant, eine Seeterrasse und eine moderne Strandbar.

Auf 17.000 m² Arealfläche wird sowohl indoor als auch outdoor einiges geboten ...

Das Hotel & Sportresort der besonderen Art

Die 57 Appartements sind von 2 – 8 Betten variabel gestaltet. Kulinarisch werden die Gäste vom reichhaltigen Frühstücksbuffet bis hin zum Kärntner Abendbuffet rundum verwöhnt!

Auf 17.000 m² Arealfläche wird sowohl indoor als auch outdoor einiges geboten: Hallenbad, Sauna, Tennishalle, Kletter- und Boulderwand, Beachvolleyballplätze, Tennisplätze, Segel- und Surfschule, Kajakschule, Boots- und Fahrradverleih, Seminarräume, Schauküche, Multifunktionsräume, Sonnenterrasse, ausreichend Liegefläche mit Seezugang und ein „Beach"-Bereich mit Sandstrand. Wem bei diesem Angebot noch langweilig ist, der kann sich auf der hauseigenen Wassersportstation mitten am See bei Bananaboot, Wakeboarden, Wasserski oder Parasailing vergnügen.

Hotel & Sportresort
camp Royal X

Seehofstraße 25
9871 Seeboden

Tel.: +43 (0) 4762 / 81669
Fax: +43 (0) 4762 / 81698
office@camproyalx.at
www.camproyalx.at

Albatros

Cafe-Bar-Restaurant Albatros

Dellach 12
9300 St. Veit/Glan

Tel.: +43 (0) 4215/20207
restaurant-albatros@aon.at
www.restaurant-albatros.at

Ein kleiner Tipp für Feinschmecker: Frische Räucherfische gibt es im Albatros auf Vorbestellung!

Unweit von St. Veit/Glan, nahe des Hörzendorfer Sees, am Fuße des Ulrichsbergs, liegt das Restaurant Albatros.

Speisen mit Stil

Dort findet der Gast ein Arrangement aus Innovation und klassischer Küche, höchste Qualität regionaler Produkte, Frische sowie Kreativität und saisonale Köstlichkeiten. Dies wurde im Herbst 2011 mit einer Haube von „Gault Millau" belohnt. Während des Aufenthaltes im Albatros können sich die Kinder auf dem kleinen Spielplatz austoben oder die verschiedensten Fische im Schaubecken füttern.

Stiftsschmiede

Stiftsschmiede Ossiach
Familie Gerhard Satran

9570 Ossiach 4

Tel.: +43 (0) 4243 / 45554
Fax: +43 (0) 4243 / 45553
office@stiftsschmiede.at
www.stiftsschmiede.at

Die um 900 erbaute Stiftsschmiede ist eines der ältesten Häuser im Ort und wurde im Jahr 2000 mit Liebe in ein Fischspezialitätenrestaurant umgebaut.

Der beste Fisch am See

Durch die einmalige Lage direkt am See, das historische Ambiente mit den Speisesälen „Esse" und „Seestube" sowie die gute Küche hat die Stiftsschmiede schnell ihre Freunde gefunden. Gekocht wird an einer offenen Feuerstelle mitten in der „Esse". Die Qualität und Konstanz der Küche wurden seit 2009 jährlich von Gault-Millau mit einer Haube und 13 Punkten belohnt.

Bildnachweis

4 Das Kloster der Missionsschwestern von Wernberg, © karlheinzfessl.com; Auf dem Burgberg von Friesach, © karlheinzfessl.com; Otto Retzer in Ritterrüstung, Burg Hochosterwitz, © karlheinzfessl.com; Kleinglockner, © NPR/Martin Glantschnig
5 Burg Hochosterwitz, © karlheinzfessl.com; Der Lindwurmbrunnen, © Archiv Stadt Klagenfurt/ Fritz Press; Rathaus St. Veit/Glan, © karlheinzfessl.com; Auf der Hochebene der Saualm, © karlheinzfessl.com
6+7 Otto Retzer an der Stadtmauer in St. Veit/Glan, © karlheinzfessl.com
8 Heidelinde Weis, © hgm press/ Ingo Höhle; Peter Weck, ©Agentur Schneider-Press/Erwin Schneider
9 Udo Jürgens live in Concert, © Dominik Beckmann
10+11 Das Kloster der Missionsschwestern von Wernberg, © karlheinzfessl.com
12 Wandern mit Ausblick © MTG GmbH Lowa - Herbert Raffalt
13 Wassersport Faaker See, © Adrian Hipp / Vi-Fa-Os Tourismus; 13 Klettern am Jungfernsprung, © MTG GmbH - Gerdl; Gleitschirmflieger über dem Ossiacher See, © Helmut Staber; Roadbiken Nockalmstrasse, © MTG GmbH-tinefoto.com
14 Fastentuch Stift Millstatt, © MTG GmbH - Steve.Haider.com
15 Maria Saal, © karlheinzfessl.com
16 Otto Retzer an einem historischen Hochofen in der Lölling, seinem Heimort, © karlheinzfessl.com
17 Otto Retzer vor seinem Jugend-Wohnhaus in der Lölling, © karlheinzfessl.com; Otto Retzer vor dem Geburtsort des Schauspielers Helmut Qualtinger, © karlheinzfessl.com
18 Otto Retzers Jugendwohnhaus in der Lölling, © karlheinzfessl.com; Werner Engelmann, Der Lingkor von Hüttenberg, © karlheinzfessl.com; Museumsschmiede im Restaurant Neugebauer, © karlheinzfessl.com; Der Lingkor von Hüttenberg, © karlheinzfessl.com
19 Otto Retzer mit dem Bürgermeister von Hüttenberg und einem Foto des Dalai Lama, © karlheinzfessl.com
20+21 Burgberg zu Friesach, © karlheinzfessl.com
22 Burgruine Finkenstein, © karlheinzfessl.com; Stift Ossiach, © Adrian Hipp / Vi-Fa-Os Tourismus; Althofen, © karlheinzfessl.com; Schloss Wernberg, © karlheinzfessl.com; Schlossberg zu Griffen, © Fotokult Austria - Peter Cech
24 Ritterspiele Burg Sommereck, © MTG GmbH; Hochosterwitz von der Ferne, Adrian Hipp_Vi-Fa-Os Tourismus; Stadtmauer von St. Veit, © karlheinzfessl.com; Friesach, © karlheinzfessl.com
25 Marktplatz in Friesach,© karlheinzfessl.com
26 Otto Retzer in Ritterrüstung, Burg Hochosterwitz, © karlheinzfessl.com
27 Otto Retzer und ein Mitarbeiter der Burg Hochosterwitz, © karlheinzfessl.com; Der Schmied der Burg Hochosterwitz, © karlheinzfessl.com
28 Landschaft in der Nähe der Burg Hochosterwitz, © karlheinzfessl.com
29 Falco, © Lisa Film; Burgruine Finkenstein, © Lisa Film; Otto Retzer auf Burg Finkenstein, © karlheinzfessl.com; David Cassidy, © Lisa Film; Roy Black und Beatrix Bilgeri, © Lisa Film; Otto Retzer und Adi Peichl, © karlheinzfessl.com
30 Mann in Original Kärtner-Anzug, © Strohmeier
31 Trachtengruppe beim Tanzen, © Gemeinde Feistritz an der Gail/Gerdl; Otto Retzer im Kilt mit dem Designer Thomas Rettl, © karlheinzfessl.com; Grenzlandchor Arnoldstein (Frauen), © Grenzlandchor Arnoldstein; Wandern, © Weissensee Tourismus; Doppelsextett, © Doppelsextett
32 Wochenmarkt auf dem Hauptplatz von Völkermarkt, © karlheinzfessl.com
32 Bleiburger Wiesenmarkt, © karlheinzfessl.com; Bleiburger Wiesenmarkt, © karlheinzfessl.com; Kufenstechen, © Gemeinde Feistritz an der Gail
33 Trachtenhaus Strohmeier, © Strohmeier; Otto Retzer mit dem „Kärnten-Karo"-Designer Thomas Rettl, Villach, an der Drau, © karlheinzfessl.com
34+35 Turracher Höhe, © martin steinthaler | tinefoto.com
36 Skigebiet Landschaft Nassfeld, © www.nassfeld.at
37 Nationalpark Region Hohe Tauern Kleinglockner, © NPR/Martin Glantschnig
38 Steinböcke,© NPHT/Markus Lackner; Großglockner aus Wasserfallwinkel, © NPR/Günter Mussnig; Seppenalmhütte, © Simon Steiner; Fallbachfall, © NPR Karl Klinar
39 Heiligenblut, © NPR/Martin Glantschnig
40 Großglockner mit Hütte und Familie, © NPHT/Karl Klinar; Beim Goldwaschen, © NPHT/Karl Klinar
41 Kuschlalm, © Wolfgang Hinteregger
42 Millstätter See, MTG GmbH/Gerdl
43 Nockalmstrasse, © Bad Kleinkirchheim Tourismus
44 Speickpflanze, © Doris Pfandl; Fossilien, © Dr. Georg Kandutsch; Schneegenuss, © Bad Kleinkirchheim Tourismus; Thermal Römerbad Granatsauna, © Bad Kleinkirchheim Tourismus
45 Hirschencamp/Zelt, © Hirschencamp
46 Ice Polo, © www.aquechua.com
47 Millstätter See Höhensteig Sternenbalkon, © MTG GmbH; Ausflugsziel Granatium, © MTG GmbH, Kärnten Werbung, Österreich Werbung/Martin Steinthaler; Schneespiele am See, © MTG GmbH, Kärnten Werbung, Österreich Werbung/Martin Steinthaler; Schloss Porcia, Spittal/Drau, © karlheinzfessl.com
48 Otto Retzer im Gespräch mit dem Ehepaar Andra und Alfred Riedl (Gründer der Uhrenmanufaktur Jaques Lemans) auf deren Landsitz auf der Turrach, © karlheinzfessl.com
49 Otto Retzer in Schloss Porcia, © karlheinzfessl.com; Otto Retzer in Schloss Porcia, © karlheinzfessl.com
50 Frühling am Millstätter See, © MTG GmbH; Otto Retzer im Pool des Hotel Hochschober, Turrach, © karlheinzfessl.com; Otto Retzer im Pool des Hotel Ronacher, © karlheinzfessl.com
51 Otto Retzer in der Wellness-Landschaft des Hotels Ronacher in Bad Kleinkirchheim, © karlheinzfessl.com
52 Kanufahren auf der Drau, © Outdoorpark Oberdrautal - Franz Gerdl
53 Kanufahren auf der Drau , © Outdoorpark Oberdrautal
54 Ruine Hohenburg, Oberdrauburg, © Outdoorpark Oberdrautal - Michael Hohenwarter
55 Kletterparadies Pirkner Klamm, © Outdoorpark Oberdrautal - Franz Gerdl
56 Nassfeld im Dunkeln, © www.nassfeld.at
57 Wintersonne, Nassfeld,© www.nassfeld.at
58 Mountainbikefahren am Weissensee, © Weissensee Tourismus; Drei Lamas am Zollnersee, © lamatrekking.at; Eislaufen am Weissensee, © Weissensee Tourismus; Sommerpicknick am Weissensee, © Weissensee Tourismus
59 Mühle im Lesachtal, © Tourismusverband LESACHTAL
60 Wanderung im Lesachtal, © Tourismusverband LESACHTAL
61 Wolayerseehütte, © Tourismusverband LESACHTAL
62 Fisch fangfrisch vom Boot, © Weissensee Tourismus
63 Kirchtag, © Vi-Fa-Os Tourismus - Adrian Hipp; Freunde bei der Jause, © BMLFUW/GENUSS REGION ÖSTERREICH/Newman
63 Steinpilzpfandl im Fischerhaus, ©

Helga Rader; Bergwiesen-Heu-Creme auf Kompott von schwarzen Holunderbeeren, © Weisenseer Hof; Brettljause; Gailtaler Speck und Gailtaler Almkäse, © BMLFUW/GENUSS REGION ÖSTERREICH/Newman; Osterreindling, © martin steinthaler | tinefoto.com; Heusuppe, © martin steinthaler | tinefoto.com
64 Limousin Rind, © Doris Pfandl
65 Otto Retzer mit Walter Neugebauer, © karlheinzfessl.com
66 Blumenwiese mit Kräutern, © MTG Steve Haider
68 Dinkel Gemüsestrudel Weissenseerhof, © Weissenseer Hof
69 Miralago Topfen Salbei Tascherl, © Villa Miralago; Steinpilzpfandl im Fischerhaus, © Helga Rader
70 Koch im Restaurant Weissenseerhof, © Weissenseerhof
71 Trattlerhof, © Jakob Forstnig
72 Taverne Nepomuk in St. Magareten im Rosental, © Taverne Nepomuk
73 Gipfelhaus Magdalensberg, © Velunscheck Austro Design; Kleinsasserhof, © Kleinsasserhof; Villa Verdin, © wien nord werbeagentur gmbh; Stiftsschmiede Sonnenuntergang, © Gerhard Satran
74-75 Burg Hochosterwitz, © karlheinzfessl.com
76 Villach, © karlheinzfessl.com
77 Faaker See von der Burgruine Finkenstein aus, © karlheinzfessl.com
78 Otto Retzer bei den Missionsschwestern in Wernberg, © karlheinzfessl.com
79 Ossiacher See, © Adrian Hipp/Vi-Fa-Os Tourismus; Langlauf Dobratsch Adrian Hipp, © Adrian Hipp / Vi-Fa-Os Tourismus; Gerlitzen Alpe Kanzelbahn, © Markus Ramsbacher/Vi-Fa-Os Tourismus; Adlerwarte auf der Burgruine Landskron, Otto Retzer, © karlheinzfessl.com
80 Winnetou - Pierre Brice, © Lisa Film
81 Otto Retzer, Villach, © karlheinzfessl.com; Uschi Glas mit Adler, © Lisa Film; Otto Retzer mit dem Betreiber der Gastronomie auf der Burgruine Landskron, Erich Gumpitsch, © karlheinzfessl.com; Adlerwarte auf der Burgruine Landskron, Otto Retzer und der Leiter der Adlerwarte Franz Schuttelkopf, © karlheinzfessl.com; Uschi Glas, © Lisa Film; Otto Retzer bei der Abfahrt ins Schaubergwerk Terra Mystica, © karlheinzfessl.com; Roy Black, © Lisa Film
83 Der Lindwurmbrunnen, © Archiv Stadt Klagenfurt/Fritz Press
84 Das Wörtherseemandl, © Archiv Stadt Klagenfurt/Fritz Press
85 Elefant verfolgt von Thomas Gottschalk und Mike Krüger, © Lisa Film; Auf großer Tour, © Lisa Film; Otto Retzer im Krankenbett, © Lisa Film;
Karl Spiehs, © Lisa Film
86 Frau mit Bodypainting, © World Bodypainting Festival/Hartmut Mang; Schloss Reifnitz, © Gemeinde Maria Wörth; Badehaus am Wörthersee, © martin steinthaler | tinefoto.com; Strandbad Klagenfurt, © Gernot Gleiss
87 Maria Wörth, © Gemeinde Maria Wörth
88 Pierre Brice, Uschi Glas, Telly Savalas, © Lisa Film
89 Die Dienstmänner Josip und Malec vom Schloss am Wörthersee, © Lisa Film
89 Josip und Malec am See, © Lisa Film
90 Roy Black, © Lisa Film; Pierre Brice, © Lisa Film; Alles Paletti im Schloss am Wörthersee, © Lisa Film; Helmut Fischer, © Lisa Film
91 Otto Retzer als Wasserschikellner, © Lisa Film
92 Miralago, © Hans Schenkel-Luxury Styling
93 Hochwürden Hans Klarin, Dagmar Koller, © Lisa Film; Hansi Hinterseer, © Lisa Film; Hochwürden erbt das Paradies, © Lisa Film; Hochwürden erbt das Paradies, © Lisa Film; Wolfgang Fiereck, © Lisa Film; Die blaue Kanone, © Lisa Film
94 Genussbiken, © MTG GmbH tinefoto.com
95 Reiter, © Reit Eldorado Kärnten/Gerdl
96 Bikertreff am Faaker See, © Vi-Fa-Os Tourismus - Adrian Hipp
97 Eisläufer am Weißensee, © Weissensee Tourismus/Stefan Valthe; Ausritt vor Burg Hochosterwitz, © Reit Eldorado Kärnten/Gerdl; Kinder im Schnee, © Katschberg/Rennweg; Seengolf, © MTG GmbH Golfanlage Millstättter See
98 Karawanken, Koschuta, © Carnica-Region Rosental/Sissi Wutte
99 Maltschacher See, © Video-Film-Fritz/Videoproduktion-Fotografie
100 Uschi Glas, © Lisa Film; Meerauge, © Tina Tomasch
101 Klagenfurter Hütte, © Carnica-Region Rosental/Sissi Wutte
103 Paar beim Wandern am Klopeiner See, © Klopeiner See - Südkärnten; Klopeiner See Steg Reichmann, © Klopeiner See - Südkärnten; Klopeiner See, © Klopeiner See - Südkärnten; Klopeiner See Steg Reichmann, © Klopeiner See - Südkärnten
104 Holzbrücke Radwander, © Klopeiner See - Südkärnten/Gerdl; Wildensteiner Wasserfall, © Werner Pißnigg; Trögenerklamm, © Tourismusverein Bad Eisenkappel; Hemmaberg, © karlheinzfessl.com
105 Kiki-Kogelnik-Brunnen, © karlheinzfessl.com
106 Ottor Retzer im Kräutergarten des Stifts Gurk, © karlheinzfessl.com

107 Ottor Retzer vor dem Dom zu Gurk, © karlheinzfessl.com
108 Burg Hochosterwitz, © karlheinzfessl.com; Otto Retzer und das heilige Wasser von Kirchberg, © karlheinzfessl.com
109 Otto Retzer im Labor von Auer von Welsbach im gleichnamigen Museum in Althofen, © karlheinzfessl.com
111 Otto Retzer und der Künstler Erwin Klinzer, Eberstein, Gortschitztal, © karlheinzfessl.com; Zu Gast beim Künstler Erwin Klinzer, Eberstein, Gortschitztal, © karlheinzfessl.com; Das Talmuseum „Lachitzhof" in Klein St. Paul, © karlheinzfessl.com; Otto Retzer und das heilende Wasser von Kirchberg bei Lölling, seinem Heimatort, © karlheinzfessl.com; Otto Retzer und das heilende Wasser von Kirchberg bei Lölling, seinem Heimatort, © karlheinzfessl.com; Der Lingkor von Hüttenberg, © karlheinzfessl.com; Der Lingkor von Hüttenberg, © karlheinzfessl.com; Der Lingkor von Hüttenberg, © karlheinzfessl.com
112 Bürgermeister Mock (St. Veit/Glan) und Otto Retzer im Restaurant „La Torre" in St. Veit/Glan, © karlheinzfessl.com
113 Rathaus St. Veit/Glan, © karlheinzfessl.com; Brunnen auf dem Hauptplatz St. Veit, © karlheinzfessl.com
115 Weinbau in Wolfsberg, © karlheinzfessl.com
116 Otto Retzer in Hambrusch, © karlheinzfessl.com
117 Auf der Hochebene der Saualm, © karlheinzfessl.com
118 Radeln Wolfsbergerhütte, © Tourismusbüro Wolfsberg
119 Otto Retzer im Stift St. Paul, © karlheinzfessl.com; Weinprobe im Stift St. Paul, © Christine Ottowitz
120+121 Weissensee, © karlheinzfessl.com
122 Weissensee, © karlheinzfessl.com; European Bikeweek Faaker See, © Adrian Hipp/Vi-Fa-Os Tourismus; Faaker See, © Adrian Hipp/Vi-Fa-Os Tourismus; Ossiacher See, © Adrian Hipp / Vi-Fa-Os Tourismus
123 Turner See, © karlheinzfessl.com
124 Kiki Kogelnik Installation, © Galerie Walker
125 Kiki Kogelnik, © Galerie Walker; Kunst Museum Liaunig, © Museum Liaunig; Bockelmann, © Leo Fuchs
127 Kiki Kogelnik, © Arthur Ottowitz

Copyright © Feldkircher Medienpartner GmbH, 6111 Volders/
Tirol, Österreich
Verleger und Herausgeber: Walter Feldkircher
Alle Rechte vorbehalten. Die Verwertung der Texte und Bilder ist ohne Zustimmung des Verlages urheberrechtswidrig und strafbar. Dies gilt auch für Vervielfältigungen, Übersetzungen, Mikroverfilmungen und für die Verarbeitung mit elektronischen Systemen.

www.feldkircher-medienpartner.com

Projektkoordination und Vertrieb: Dort-Hagenhausen Verlag
www.d-h.verlag.de

1.Auflage

Redaktionelle Koordination: Othmar Valzachi
Lektorat: concepts4u, Susanne Guidera, München
Gestaltung und Satz: bora-dtp, Wolfgang Appun, München
PR-Seiten-Gestaltung: Alexandra Genes
Printed in Italy
ISBN 978-3-9502896-3-3